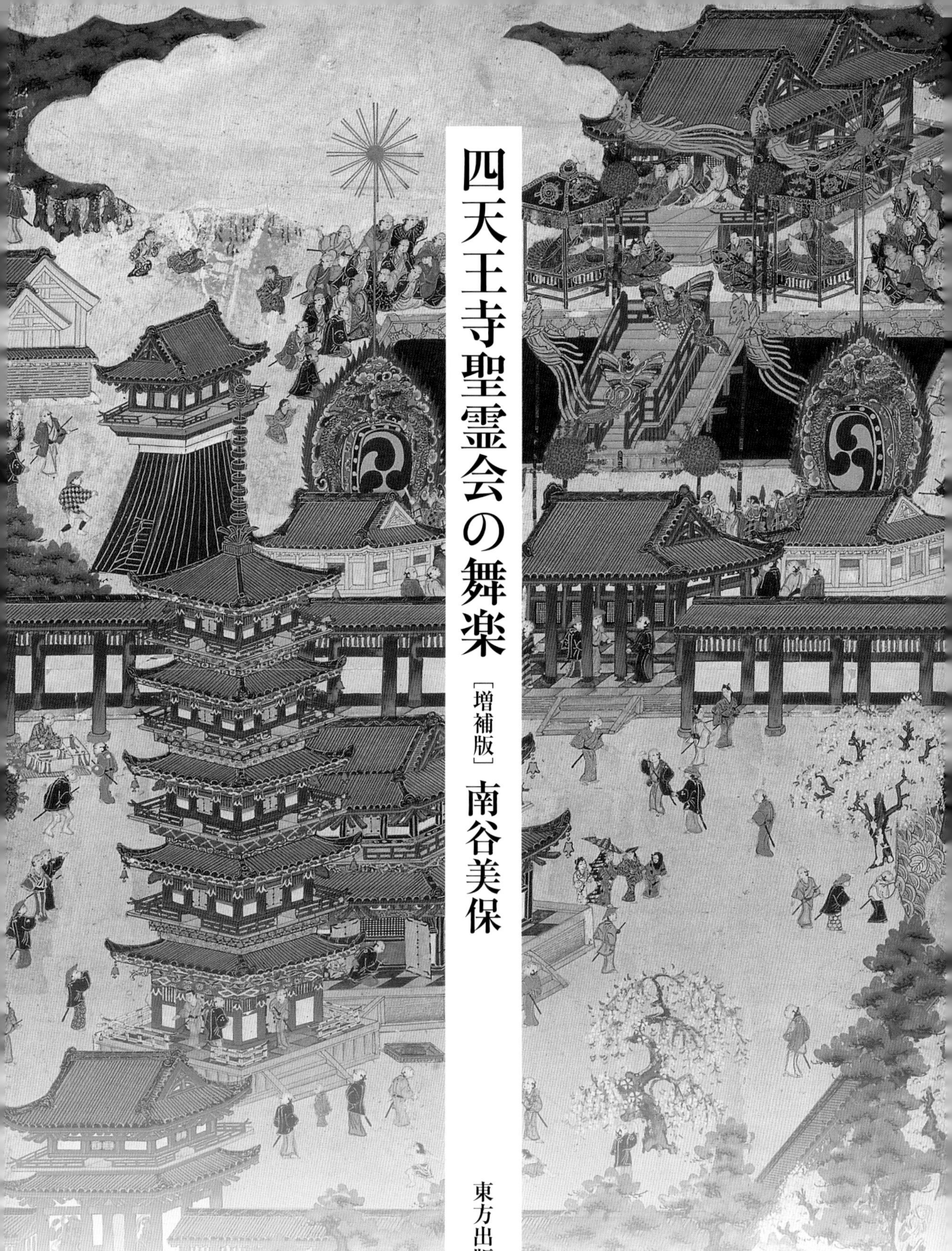

# 四天王寺聖霊会の舞楽

〔増補版〕

南谷美保

東方出版

『聖徳太子絵伝』六幅の内第五幅　41歳の場面より「伎楽の伝来」（四天王寺蔵）

「四天王寺聖霊会図」（1927年　生田花朝　大阪城天守閣蔵）

# 出版を祝して

和宗総本山四天王寺第一一〇世管長　出口順得

四天王寺は、聖徳太子が建てられた日本最初の官寺です。推古の御世、伝来した伎楽を聖徳太子が少年を集めて習わせ、三宝を供養するために用いられました。

太子が薨去されてから百六十年ほど経た聖武天皇の頃に、七堂伽藍と並んで上宮太子聖霊大殿、仏堂、絵堂が建てられました。そうして太子御生前さながらに、正月元旦には朝拝式、一月十二日には百味の御食を供える生《しょう》身供《じんく》を営み、二月二十二日（現在は四月）には聖霊会として太子の御霊をお慰めする舞楽法要を行いました。以来、これらが営々と伝承されて来たのです。ただ、明治維新の廃仏毀釈により、楽人は宮中に召還されて、千三百年来の四天王寺伝統の聖霊会舞楽法要も、廃絶せざるを得なくなった一時期がありました。しかし、多くの人々の努力により、明治十七年には復興の運びとなり、今日に至っております。

舞楽は、聖徳太子ご奨励の折より、三宝の供養として行われてきたのですが、近年においては稀有の古典芸術の一つとして鑑賞され、研究書は、これまでにも多く出版されてきました。ところが、それらの書物は細微にわたって優れたものばかりですが、残念ながら最も肝心の仏教精神がすっかり抜け落ちてしまっておりました。

この書の著者、南谷美保氏は、優れた研究者であることはいうまでもなく、四天王寺・施行院の坊守さんとして、卓越した見識を以て、本来の舞楽のもつ根本精神に着眼されています。それは、形や技術の舞楽としての解説にとどまらず、声明とのコラボレーション、また、四天王寺の石の舞台の設定そのものを、浄土曼荼羅の再現とみなされ、その意義深さを説き明かされたのです。まさに、石の舞台創建当時の精神の神髄に触れ、舞楽に命を吹き込まれた名著で、今後、広く人々に愛読されることを念願してやみません。

# 雅楽への誘い

日本芸術院会員・宮内庁楽部元首席楽長　東儀俊美

天王寺区下寺町に私の曾祖父東儀俊里《とうぎとしざと》及びそれ以前の一族十三基の墓がある。それ等の人々は皆天王寺楽所の「在天楽人《ざいてんがくにん》」として一時代を生きた人々である。安政七年（一八六〇）の聖霊会の配役をみると、俊里の実父俊寿《としなが》は時の楽頭で振鉾を舞い、俊里は陪臚の舞人、俊里の子俊鷹《としたか》が陵王の舞人、更にその子俊慰《としやす》は太平楽と春庭楽の舞人を務めている。もし明治の東京遷都がなかったならば、私も在天の四天王寺楽人として伶人町に住み、同寺の法要に奉仕する一生を送っていたであろうと思うと、私は四天王寺、そして聖霊会に特別の感慨を持っている。それは故郷を懐かしむのに似た感情かもしれない。

私は昨年（平成十九年）国立劇場で天王寺楽所の舞であり且つ東儀家の舞と云われながら永らく途絶えていた「採桑老《さいそうろう》」を舞ったが、その時、四天王寺の特別の御好意により装束と面を拝借した。この舞は記録によれば、東儀家としては享保五年（一七二〇）に私より七代前の東儀兼佐《かねすけ》が舞って以来であり、この面はその時兼佐によって使われた面であろう感じた時、何とも形容の出来ない感動を覚えた。私事ばかり並べて仕舞ったが……、さて南谷美保氏の『四天王寺聖霊会の舞楽』は、三方楽所の一角を担う天王寺楽人の最も重要な仕事である聖霊会の詳細を、綿密な考証と判り易い語り口で明かされた好書である。聖霊会の歴史、演奏される舞楽の解説、使用される楽器の話、どこを見ても第一級の解説書である。そして、惜しげもなく使われている写真が、理解しにくい雅楽を「判り易い雅楽」にしているのも特色であろう。

又「より詳しく知りたい人のために」は、雅楽を初めて勉強する人にとっても格好の入門書となっている。雅楽と云う音楽は、名前はメジャーだが、その実態は意外にマイナーではないだろうか。私は一人でも多くの人がこの本によって「雅楽」を理解されるようにと願っている。

最後に一言、まことに恐れ多いが高円宮様の言葉をお借りして、「この本は実に面白い。多くの人に読んでほしい本である」。

# 四天王寺聖霊会の舞楽　目次

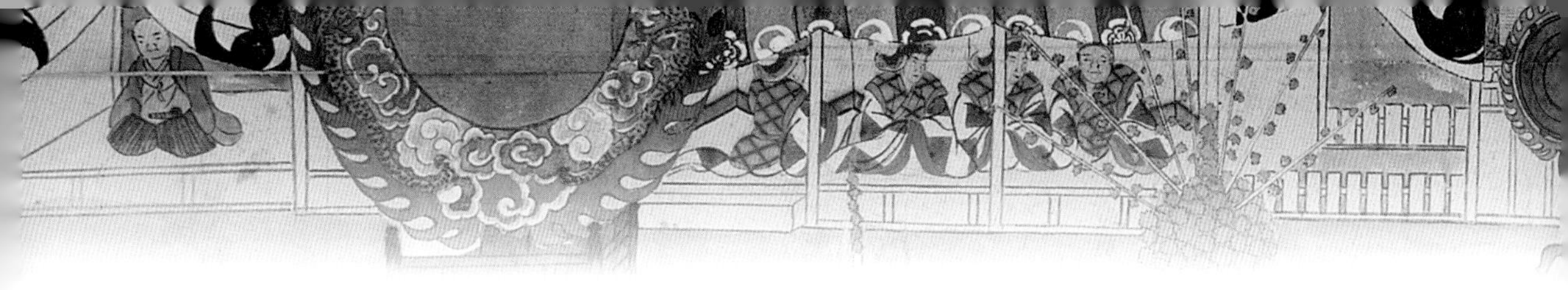

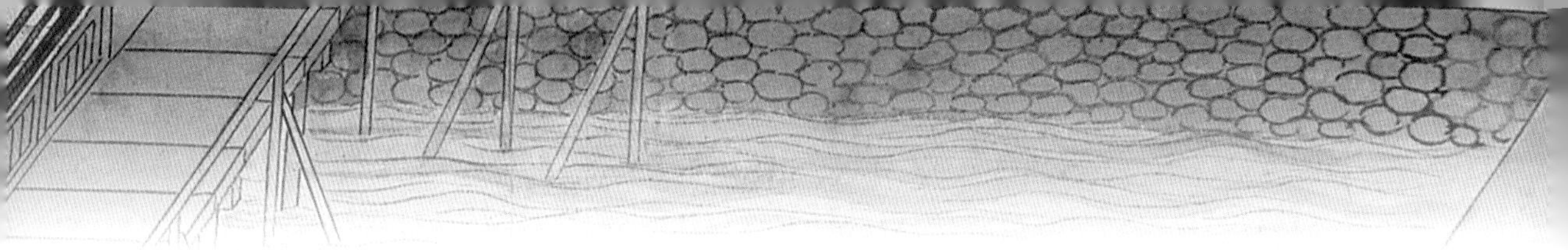

装丁 濱崎実幸

# 四天王寺聖霊会の舞楽

# 「寒さの果てもおしょうらい」

　最近では、滅多に耳にすることもなくなった言い回しですが、かつての大阪では、よくこのように言われました。この「おしょうらい」とは、四天王寺の聖霊会《しょうりょうえ》のことです。その聖霊会とは、明治三（一八七〇）年まで、毎年旧暦二月二十二日の聖徳太子の御命日に、四天王寺の六時堂とその堂前の石舞台を中心とした空間で、早朝から晩景までの長時間をかけて営まれた大法要です。僧侶に雅楽《ががく》や舞楽《ぶがく》を担当する楽人《がくにん》、諸役をこなす数多くの人々、そして、多くの参詣人。四天王寺の聖霊会は、大阪に春を告げる大法要として、人々に親しまれていました。また、江戸時代後期の有名な文筆家である大田《おおた》蜀山人《しょくさんじん》（南畝《なんぽ》・一七四九～一八二三）は、晩秋の念仏会の舞楽を楽しみに四天王寺に参詣した様子を書き残しています。四天王寺は、今も昔も、舞楽に彩られた寺院なのです。

　明治はじめの一時期には、四天王寺では聖霊会も一時断絶しましたが、その後は、毎年二月二十二日には聖徳太子の御忌《ぎょき》のみが執り行なわれることになり、境内の六時堂および堂前の石舞台にて執り行なわれる舞楽大法要としての聖霊会は、毎年四月二十二日に営まれるようになりました。

　昨今では、それこそ地球温暖化の影響なのでしょうか、以前ほどに季節の移り変わりを明確に感じることが少なくなったようですが、新暦に変わって聖霊会の執り行われる日が四月二十二日になりましても、やはり、この日あたりを境に、初夏のさわやかな季節の訪れを感じるようになるのは、不思議なことです。

　聖霊会の当日、六時堂は五色の幕で飾られ、石舞台の南側には、左右それぞれの大太鼓が

現在の聖霊会の設え

据えられ、その南側の左右の楽舎にも幕が張られます。石舞台は、四隅を赤い球状の飾り物の曼珠沙華で飾られ、朱色の欄干も設置されます。曼珠沙華には、燕の作り物が吊り下げられ、これを支える柱は、まさに、春を告げる要素なのでしょうか、かつては「住吉の浜に吹き寄せられた貝殻」と「信貴山の苔」とが貼り付けられていた名残の若草色に塗られています。夕刻の火入れに備えて、石舞台の脇には、篝火も用意されています。

大阪市内の交通の要所である天王寺駅から歩いてすぐの場所、立ち並ぶビルやマンションが境内を囲むような場所でありながら、雅楽の音と共に古式ゆかしい法要が始まりますと、この空間だけが時間の流れが止まったような不思議な感覚を覚えることでしょう。

『摂津名所図会』に見る江戸時代四天王寺の聖霊会の賑わい。右下より左方と右方の楽舎（奥の東側が左方楽舎、手前西側が右方楽舎。ただしこの絵では逆に注記されている）が描かれ、その前に大太鼓、大太鼓の間に行事鐘が見える。石舞台の様子は現在に同じ。六時堂前には階高座がおかれ、六時堂の前には諸役の人々が控える。右上には、柵の間から、法要の場を覗き込む多くの参詣者が描かれている。

# 聖霊会の舞楽は極楽の舞

江戸時代の四天王寺を描く屏風の一部に聖霊会の様子が描かれています（四頁の写真）。石舞台の上では、子供が舞う〈胡蝶《こちょう》〉が舞われているようです。さて、突然ですが、この聖霊会の様子を描く絵と、極楽の様子を描く曼荼羅図《まんだらず》とを見比べてみましょう。

四天王寺所蔵の阿弥陀の浄土を描く浄土曼《じょうどまん》茶羅《だら》図には、奥に、阿弥陀仏《あみだぶつ》と宝殿《ほうでん》が描かれています。そして、仏様の前には舞台が設えられ、そこでは菩薩《ぼさつ》たちが舞を舞っている様子が描かれます。このように、仏様の世界である浄土には、常に美しい楽の音が満ち溢れているといわれています。

さて、さきの四天王寺の聖霊会の様子を描く絵をもう一度見てみましょう。この絵の六時堂を阿弥陀仏のおいでになる御殿と想定します。今では、亀の池と呼ばれている池も、かつては、蓮が植えられていた蓮池でした。そして、その蓮池の上に設えられた石舞台は、まさに曼荼羅図において菩薩が舞う極楽の舞台に同じものと見立てることができるのです。

つまり、石舞台上で舞われる聖霊会の舞楽というのは、たしかに、この世で人間によって舞われる舞楽ではあるのですが、これを、曼荼羅図に描かれたような極楽世界の菩薩の舞と見立て、その極楽の舞をこの世に再現するものであると考えることもできるのです。古い時代の人々には、この聖霊会の舞楽は、極楽の菩薩の舞をイメージさせるものとして、この法要が営まれる四天王寺の境内は、まさに極楽の有様をこの世に再現する空間だと感じられていたのではないでしょうか。

当麻曼荼羅図（四天王寺所蔵）

『四天王寺・住吉大社図』（四天王寺蔵）より四天王寺聖霊会の様子（石舞台上は〈胡蝶〉）

そもそも、聖霊会とは、聖徳太子の御霊《みたま》をおなぐさめする法要ですから、ここで演じられる舞楽も、聖徳太子への捧げものとして舞われるものなのです。

そして、この法要が演じられる空間、六時堂を仏様の宝殿、石舞台をその宝殿の前の舞台と見なせば、石舞台で演じられる舞楽は極楽浄土での菩薩の舞としてもイメージできるのです。つまり、聖霊会とは、単に、聖徳太子の御霊をおなぐさめするための法要であるだけではなく、聖徳太子が理想とされた仏の世界をこの世に再現するための法要でもあるといえるのではないでしょうか。

楽舎の側から六時堂をバックに舞楽を見る

「聖霊会の石舞台の舞楽」は、すなわち「極楽の舞」。これこそが、聖霊会の舞楽を御覧になる際のキーワードになります。それは、単に、コンサートホールなどでのステージ上で演じられるパーフォーマンスとしての「舞楽」とは異なる、四天王寺という空間で演じられる聖霊会舞楽ならではの魅力を感じ取るための「秘密の鍵」なのです。

明治三十四年印刷の四天王寺境内図。食堂は現存しない。画面左側が北になる。六時堂・蓮池（亀の池）・楽舎の配置が確認できる

極楽の鳥・迦陵頻伽《かりょうびんが》の様子を模したとされる舞楽〈迦陵頻《かりょうびん》〉。右上の〈胡蝶〉とあわせ、聖霊会の定番の舞となっている

# 聖霊会の次第と舞楽——どのように法要は進むのか

四天王寺本坊より六時堂に向かう行道の先頭

聖霊会が、いつから始まったのか、そのはっきりとした年代は不明です。四天王寺における舞楽の歴史については、別に詳しく述べることとしますが、毎年の聖霊会の記録が詳しく残されているのは、江戸時代になってからのことです。その記録を残したのは、四天王寺における雅楽・舞楽の演奏を担当していた天王寺楽人《てんのうじがくにん》と呼ばれる人々です。この天王寺楽人および、その組織である天王寺楽所《てんのうじがくそ》についても、別に詳しく述べることとしますが、天王寺楽人の一家であった林《はやし》家の人々が書き残した『四天王寺楽人林家楽書類《してんのうじがくにんはやしけがくしょるい》』の中に含まれる『四天王寺舞楽之記《してんのうじぶがくのき》』という記録には、貞享元（一六八四）年から安政七年（万延元年・一八六〇）までの、ほぼ毎年の聖霊会に関する記事が残されています。

さらに、同じく天王寺楽所の一家であった東儀《とうぎ》家の東儀文均《とうぎふみなり》という楽人の日記にも、江戸末期、天保十五（一八四四）年から明治三（一八七〇）年までの聖霊会の記録が残されています。もちろん、これよりもずっと古い時代から聖霊会が行われていたことは明らかなのですが、残念ながら、聖霊会に関する詳しい記録は、江戸時代以降のものしか残されていないのです。

それでは、これらの記録によって、江戸時代の聖霊会の様子を探ってみることにしましょう。江戸時代の聖霊会は、毎年、旧暦の二月二十二日、朝六時から七時の間に始まります。終了時刻は、その年により天候などの影響もあって異なっていましたが、法要の次第が順調に進行すれば、夕刻六時ごろには法要の主要部分に引き続いて延々と舞われた舞楽も終わりに近づき、舞楽終了後は、引き続いて、毎月二十二日に聖霊院《しょうりょういん》で行われていた「太子講」を執行し、この日のすべての儀式が終わるのが夜八時ごろとなったようです。

何か不都合があって、法要が長引けば、夜十時ごろまでかかることもあります。まさに、一日がかりの大法要でした。

さて、この聖霊会において雅楽と舞楽の演奏を担当した天王寺楽人《てんのうじがくにん》と呼ばれた演奏家たちについては後に詳しく述べますが、江戸時代には、天王寺楽人は、大坂に居住して四天王寺での奏楽を中心に活動した「在天」の楽人と、普段は京都に在住して、宮中での雅楽演奏に携わることを主たる任務としていた「在京」の楽人とに分かれて、日常の音楽活動を行っていたようです。そして、この在京の楽人たちも、聖霊会のためには前日までに、京都から半日をかけて淀川を下って大坂に戻り、この聖霊会に参加することになっていました。

こうして聖霊会という大法要の場は、江戸時代においては、雅楽演奏者としての主たる活動地域が京都と大坂の二ヶ所に分かれてしまった天王寺楽所の楽人たちが、年に一度、この四天王寺の境内で協力しあって、聖徳太子への雅楽と舞楽の奉納演奏を行うことで、長い歴史の中で守られてきた天王寺楽所なら

## 楽人の残した記録類

その多くは、さまざまな原因で失われてしまったと思われるが、雅楽演奏家である楽人は、まめに記録を遺していたらしい。四天王寺楽人の記録としては、京都大学図書館蔵の『四天王寺楽人林家楽書類』があり、全部で百十七冊にものぼるこれらの記録類は、大坂に在住した林家の楽人が代々書き継いだものである。また、江戸末期、天保年間から明治初期にかけてのものとして、京都に在住した天王寺方楽人東儀文均の日記もある。日記だけでも三十巻、このほかに職務上の記録を記録した別冊が七巻、計三十七巻が国会図書館に保管されている。奈良では、芝家の楽人が膨大な日記（天理大学図書館所蔵）を遺しているほか、他にも多くの楽人による日記類が遺されている。

なぜ、楽人は、このように記録を留めようとしたのか。それは、一つには、行事の記録を残すことで、後の参考としたといえる。それも、どの行事がどのように進行したのか、ということだけではなく、いついつのどの行事には、誰が参加し、何を担当したのかということが重要なのだ。その理由は、既得権を示す証拠になるということである。

なぜ、既得権なのか。江戸時代には、三方楽所として、京都・奈良・四天王寺の各地に本拠地をおく楽人たちが合同で宮中および幕府関係の行事、あるいは大寺社での儀式に参加していた。こうした行事に参加することは、すなわち、地位と収入の確保に繋がるものであり、限られた椅子の数をめぐって、熾烈な戦いが展開されていた。したがって、過去の実績があるとなれば、類似の行事があった場合、これを根拠に、その行事に参加する権利が保障される可能性が高い。

特に、このような場で「走舞《はしりまい》」と呼ばれる一人あるいは二人で舞う舞楽を舞うということによって、その舞の家として認められるという楽家の名誉の問題もからんでいた。こうした舞を舞う権利の主張にあたっても、日記類に残された古い記事を引用することが、何より重要な証拠であった。舞を舞う権利をめぐっての裁判なども江戸時代には起こっているが、こうした場でも、古い日記からの証拠となる記事が提出されている。

こうして、いつかのためにと記録を留めたものが、楽家の日記である。それは、単なる日々の記録ではなく、家の立場、楽人のプライドをかけた記録でもあった。

とはいえ、東儀文均の日記には、自分や子供の誕生日を祝ったという記事や、病気の愛児を心配する記事、妻の出産についての記事なども記されており、今と変わらない日常生活の一面が垣間見られる部分もあるのが興味深い。

## 雨の日の聖霊会

聖霊会では、屋外の石舞台上で舞楽が舞われるほか、さまざまな儀式・法儀が六時堂の屋外でも行われる。雨が降るとどうなるのだろうか。少々の雨なら、舞楽は、傘をさして舞われることがある。もちろん、舞人が自分で傘をさすわけではないので、横に傘を持つ役がつく。朱色の大きな傘を差しかけられて舞人は舞うのであるが、雨だからといって略式の舞になるわけではない。この場合、傘を持つ人が舞の動きを理解していなければ、とても傘をさしかけてついていくことはできない。影のように舞人の動きに合わせて動く必要があり、なかなか大変な役である。

雨中の聖霊会
（菅楯彦「聖霊会胡蝶図」〔四天王寺蔵〕）

雨がひどい場合は、六時堂の堂内に舞台を設えて、舞楽はここで奉納される。しかし、大太鼓は、堂内に持ち込めないので、屋外に据えられたままである。場合によっては、大太鼓も用いず、楽舎内に据えられた太鼓を用いる場合もある。いずれの場合も、楽舎の楽人には六時堂で舞う舞人の様子は見えない。そこで、だれかが、舞の動きを伝える役を勤める必要がある。以前、大雨の聖霊会の際に、まるで、手旗信号のように、今、舞がどのように進んでいるのかを、六時堂の縁側から大きな身振りで伝えている様子を拝見したことがあるが、これも大変な役である。

朱傘の下で舞われる〈太平楽〉

古い時代の記録にも、雨天の場合は、今は、雨が小降りだからといって、石舞台の上で儀式を行ったり、舞楽を舞ったりしたかと思うと、次は、雨がひどくなってきたので傘を用意しろとか、天候の変化に応じて、慌しく対応していた様子が記されている。もちろん、大雨になれば、舞楽もいくつかは省略されていたようであるが、雨天でも、できる限り通常に近い形式で法要を進めようと努力されていたのは、今も昔も同じである。

雨天のため六時堂内で舞われる〈振鉾〉

ではの伝統を確認しあい、伝え合う場ともなっていたのです。

現在の聖霊会は、法要に要する時間もかなり短縮されて、毎年四月二十二日のお昼ごろから夕刻までの時間で執り行われることになっています。聖霊会に出仕する関係者は午前十一時三十分に本坊玄関に参集し、正午より整列を始めます。十二時三十分には、法要の執り行われる六時堂に向かって関係者が行道《ぎょうどう》を始めます。こうして始まった法要は、六時堂とその堂前、および亀の池上の石舞台を中心として、夕刻まで執り行われるのです。

なぜ、古い時代の聖霊会に比較すると現在の聖霊会に要する時間が短くなっているのかということですが、一つには、法要中で演奏される舞楽の数が少なくなっていること、また、かつては、法要開始前に行われたお練りや、法要の途中で行われた六時堂周辺の行道が省略されていることなどがあります。また、江戸時代の記録を見ますと、ともかく、一つの儀式から次の儀式に移るまでの間の時間が、かなりゆっくりしたものであったようですから、古い時代は、聖霊会の法要全体がのんびりとした進行状況だったのでしょう。

現在でも、聖霊会の儀式進行に合わせて、行事鉦《ぎょうじしょう》が「カーン」と鳴らされますが、あの鉦の音は、古い時代の、のんびりした聖霊会

## 聖霊会以外の四天王寺における舞楽法要

古い時代には、年間を通じて数多くの舞楽法要が執り行われていた四天王寺であるが、現在では、四月二十二日の聖霊会、十月二十二日の経供養が公開される主な舞楽法要であり、このほかに非公開ながら二月二十二日の聖徳太子の御忌の舞楽が執り行われている。

経供養

法要以外の場では、八月の初めに、篝の舞楽が奉納される。これは、かつて聖霊会が夜にまで及んでいた頃の、かがり火のもとでの舞楽演奏が行われた雰囲気を現在に再現すべく行われるようになった行事である。暑さの厳しい時期とはいえ、夏の夜の四天王寺の境内は涼しい風も吹き渡り、かがり火の揺らめきに舞楽装束の金具がきらめく幻想的な世界が展開される。

篝の舞楽

の儀式進行の間、ちょっと席をはずしていた関係者に、次の儀式が始まるので早く所定の位置に戻ってくださいとお知らせするという役割も持っていたのです。

さて、現在の聖霊会は、かなり簡略化され、所要時間も短くなっているとはいえますが、それでも、やはり長時間にわたる大法要です。そこで、その全体のイメージがご理解いただけるように、以下では、聖霊会を、導入部、供養法要部《くようほうようぶ》、四箇法要部《しかほうようぶ》、入調部《にゅうじょうぶ》の四つの部分に分けて説明していきましょう。それぞれの部分の概略を説明しながら、そこで演奏される舞楽についても触れることになりますので、以下では舞楽の曲名については、〈 〉で囲うものとします。

## 1 導入部

### (i) 道行《みちゆき》

四天王寺本坊玄関前に参集した出仕者は、左方列と右方列の二列に分かれて、法要の執り行われる六時堂へと歩みを進めます。これを道行といいます。かつては、この行列は、それぞれ、金堂《こんどう》と聖霊院《しょうりょういん》にまで、仏舎利《ぶっしゃり》と聖徳太子の御霊《みたま》をお迎えに出向き、それぞれを「玉輿《ぎょくよ》」と「鳳輦《ほうれん》」に乗せて六時堂までお運びするお練り、つまりパレードをしていたものです。しかし、現在では、仏舎利と聖徳太子の御霊は、法要開始に先立って、「玉輿」と「鳳輦」とに移されて六時堂に運ばれ、聖霊会の本尊となる聖徳太子の御影を中心に安置されていますので、行列は、直接に六時堂へと向かいます。

道行の獅子は道筋を祓い清めるとされる

道行の行列は左右の二列で、獅子《しし》と菩薩《ぼさつ》を先頭に、舞人と楽人、僧侶と続き、最後に掃部《かもん》や長者、八部衆《はちぶしゅう》などの供奉衆《くぶしゅう》が続きます。楽人は、歩きながら、それぞれが担当する楽器を演奏します。左方の楽頭は左手の「振《ふり》

道行中の楽人

右方楽頭は腰に三ノ鼓をつける

左方楽頭が手にする振鼓と首から下げた鶏婁鼓

鼓《つづみ》」と首から胸に下げた「鶏婁鼓《けいろうこ》」を、右方の楽頭は「三《さん》ノ《の》鼓《つづみ》」を打ち鳴らしながら歩みます。行列は、本坊の門を出たところで、六時堂東側を進む列と西側を回る列に分かれます。

### (ii) 舞台前庭儀《ぶたいぜんていぎ》から聖徳太子のお目覚めまで

道行の行列は石舞台上を通過し、六時堂に入る

道行の列は、本坊の門を出ると、六時堂の後方から池の西側を回る列と、六時堂の東側から池の東側を回る列とに分かれます。この二つの行列は、六時堂の前、石舞台の南側で再び出会い、そこから、二列が合わさって石舞台上を経て六時堂へと入ります。ただし、僧侶は、法要の始まりを告げる声明《しょうみょう》（法要において僧侶が唱える節のついた経文）である「総礼伽陀《そうらいかだ》」を唱えるために、石舞台上に留まります。長者《ちょうじゃ》が祝詞《のりと》を唱え（ただし、「オ

石舞台の上の僧侶・長者（赤い装束）と掃部、舞台脇の楽人

ー」と声をあげるだけです）、舞台上の僧侶が鳴らす鈸《はち》が響きます。楽人は、石舞台南側に設けられた楽舎《がくしゃ》に左右に分かれて入ります。楽人の一部は声明に楽を附ける（声明の旋律を雅楽の楽器でなぞるように演奏すること）ために、舞台脇にとどまっています。

この法要の開始を告げる「総礼伽陀」が終わりますと僧侶たちも六時堂へと入り、続いて石舞台上では、舞台を清め、法要の無事を

〈振鉾〉

御手水

御上帳

祈る〈振鉾《えんぶ》〉が舞われます。〈振鉾〉に引き続き、楽舎では雅楽が演奏されますが、この間、六時堂内では、さまざまな所作が執り行われ、引き続いて六時堂内では、聖徳太子のお目覚め儀式である「御上帳《みじょうちょう》、御手水《みちょうず》」が執り行われます。同時進行で石舞台上では〈蘇利古《そりこ》〉が舞われます。こうして、法要の場が清められ、聖徳太子がお目覚めになったところで、次の部分へと法要が進むのです。

〈蘇利古〉

## 2　供養法要部

### (i)　登高座《とうこうざ》

聖徳太子のお目覚めの儀式を終えた六時堂内から、一舎利と二舎利（法要を勤める僧侶のトップと次席です）とが六時堂前に設けられた階高座《かいこうざ》へと移動します。お二人の移動に際しては、雅楽が演奏されます。一舎利と二舎利は階高座に着座されると、諷誦文《ふじゅもん》、願文《がんもん》に続けて法華経を微音（声に出さないでお経を唱えること）にて読誦《どくじゅ》します。一舎利と二舎利による法華経の読誦は、聖霊会の中心部分の法要の間、この階高座で行なわれます。一舎利と二舎利とが階高座に着座されると、石舞台上では舞楽が舞われます。この舞楽は、現在では、毎年異なった曲目が舞われます。

舎利職の出堂

階高座上の舎利職

### (ii)　伝供《てんぐ》

舞楽が終わると、行事鉦が「カーン」と打たれ、石舞台の南側より舞台上、そして六時堂前まで多くの人々が左右二列に並び、「伝供」、つまり、手渡しによってお供物を六時堂内に運ぶという方法で、さまざまな供物が

伝供の様子

供えられます。石舞台の南側、左右の楽舎の間に設けられた御供所《ごくしょ》から、「伏兎《ふと》」や「曲《まがり》」などの油で揚げた餅のような古代からの食物も含む山海の珍味が、行道に加わった菩薩と八部衆から左方の〈迦陵頻〉と右方の〈胡蝶〉の舞人でもある子供たちの手を経て六時堂前まで運ばれ、ここから僧侶の手に渡って堂内に供えられます。この間、左右の楽舎からは途切れることなく「十天楽」の楽が演奏されています。次々に、手から手へと渡されたお供え物が、すべて六時堂内に運び込まれると、石舞台北側に控えていた長者が再び「オーッ」と祝詞を唱え、伝供の終了を告げるのです。

### (iii)〈菩薩《ぼさつ》〉と〈獅子《しし》〉の舞
### (iv)〈迦陵頻《かりょうびん》〉と〈胡蝶《こちょう》〉の舞

伝供が済むと、再び行事鉦が打たれ、ここから引き続き一連の舞が奉納されます。このうち〈菩薩〉と〈獅子〉の舞については、舞台上を二回ぐるりと廻る、あるいは、獅子が舞台の正面と四隅に向かって礼拝するだけのものですから、これが舞なのかと思われるかもしれません。が、この二つは、いずれも古代の仮面劇である「伎楽《ぎがく》」に由来する舞であり、かつてはそれぞれに正式な舞があったものが、現在では失われてしまったものなのです。

続いて、左方の〈迦陵頻〉と右方の〈胡蝶〉の、いずれも子供が舞う舞楽が舞われます。この童舞は、男児が化粧をして舞うもので、他所では少女や成人女性が舞う場合もあるようですが、四天王寺では古来の伝統を守って、現在でも男児が舞うこととなっていま

〈獅子〉胴覆が新調されたので現在の装束は異なる

〈菩薩〉

〈迦陵頻〉

胡蝶

す。そもそも、石舞台上での舞楽には、女性は参加できないとされていますので、聖霊会の舞楽は、すべて男性のみによって舞われるのです。

ここで、また行事鉦が打たれ、三綱職《さんごうしょく》が六時堂内より堂前に降りて、法会の目的を述べる「祭文《さいもん》」を微音にて読誦します。この三綱職の移動に際しても、雅楽が演奏されます。すでにお気づきかと思いますが、伝供によって供物が供えられる間、僧侶の移動に際してなど、聖霊会では、石舞台上で舞楽が舞われている間だけでなく、その時々の所作に伴って雅楽が奏でられるため、法要の間中、音が途切れる時がほとんどないのです。このように、聖霊会は、常に美しい音楽が鳴り響いている極楽浄土の世界をこの世に再現する場となっているのです。

三綱職が祭文を唱える様子

## 3 四《し》箇《か》法要《ほうよう》部

儀式の区切りを示す行事鉦が打たれ、雅楽の演奏が始まると、楽の音と共に、僧侶たちが六時堂内より出て、堂前および石舞台上の位置に付きます。聖霊会の法要の中心部分である四箇法要部分が始まったのです。四箇法要というのは、「唄《ばい》、散華《さんげ》、梵音《ぼんのん》、錫杖《しゃくじょう》」という四つの声明《しょうみょう》が唱えられる法要という意味です。

まず、六時堂から堂前の所定の場所についた唄師《ばいし》が唄《ばい》を唱え、石舞台上の僧侶たちが舞台上で花びらを模った色紙を撒きながら散華《さんげ》を唱えます。この二つの声明《しょうみょう》が終わった後、楽の音に導かれて僧侶が六時堂へと戻り、行事鉦が打たれますと、続いて舞楽が舞われま

手前は唄師、舞台上は散華を唱える僧侶

舎利職の下高座の様子

す。ここで舞われる舞楽も、毎年入れ替わっています。舞楽に続いて雅楽が演奏されますと、再び、六時堂より石舞台へと僧侶たちが移動し、舞台上で梵音と錫杖の声明が唱えられます。声明が終わると再び雅楽が演奏され、その楽の音とともに、一舎利と二舎利も階高座より降りて六時堂内に戻ります。

　この四箇法要の部分は、法要の中心部分ですから、かつては、散華の後に、僧侶と楽人による六時堂の周りをめぐる行道が行われ、その途中で〈一曲《いっきょく》〉の舞が舞われていました。加えて、四箇法要の四つの声明のそれぞれが終わるごとに舞楽が舞われていましたので、そのために今よりもかなりの長い時間を要したのです。

　現在では、行道も省略され、ひとつの舞楽しか舞われませんので、ずいぶんと簡略化されたものになっています。とはいうものの、この部分は、声明《しょうみょう》、雅楽《ががく》、舞楽《ぶがく》という古代から伝わる日本の伝統音楽が、まとまって演奏される様子を見聞できる貴重な部分でもあります。

　さて、一舎利と二舎利が六時堂内に戻られると、供養の舞として、定番の〈太平楽《たいへいらく》〉が舞われます。この部分も、古い時代には、二《ふた》番《つがい》（番《つがい》とは舞楽のペアになる二曲をさしていう言葉なので、二番《つがい》とは四曲の舞楽を意味します）の〈太平楽〉を含む四曲の舞楽が舞われた記録があるのですが、現在では、〈太平楽〉のみ舞うことになっています。

　この〈太平楽〉の舞は、非常に長い演奏時間を必要とするのですが、この舞の途中で、

〈太平楽〉の太刀を抜くところ

舞人が腰に帯びた太刀を抜くのを合図に、六時堂内では、聖徳太子の御影が巻き上げられ、法要の開始に際して目覚められた聖徳太子の御霊が再び眠りにつかれます。参詣者のほとんどが、石舞台の上の舞人に目をひきつけられている間に、六時堂内から運び出された聖徳太子の御影は、僧侶に供奉されて還御されます。

　この時点では、まだ石舞台上では、〈太平

楽〉の舞が舞われていますので、参詣者の多くは、聖徳太子の御影が還御されることに気が付かないままに、聖霊会の法要部分は終わってしまうのです。ですから、石舞台の上で、舞人が太刀を抜いたら、ぜひ、六時堂の前にも注目していただき、還御される聖徳太子の御影にも合掌いただきたいと思います。また、古い時代の聖霊会においては、夕闇が迫るなかで法要が進められていた名残で、現在でも、〈太平楽〉の途中で、「かがり火」が入れられます。

石舞台脇のかがり火

## 4 入調《にゅうじょう》部

〈太平楽〉の舞の終わりとともに、聖霊会の法要部分は終了します。そして、〈太平楽〉に続いて舞われる舞楽は、法要部分に引き続く「入調《にゅうじょう》」の舞になります。法要部分の舞楽が聖徳太子に奉納すべく演奏されていたのに対し、この入調の舞楽は、法要が終了した後に、参詣者や法要に参加した人々が共に楽しむために演奏されるものです。江戸時代の記録によると、この入調の舞楽は延々と演奏されていたことが分かります。〈安摩《あま》〉に始まり、八番《つがい》、合計十六曲の舞楽が演じられた後に、〈陪臚《ばいろ》〉が演奏され、合計十八曲もの舞楽が舞われていました。

走舞の代表曲〈陵王《りょうおう》〉

現在では、入調の舞楽としては、一曲の舞楽のみが演じられるだけです。しかし、一曲のみとはいえ、毎年、「走舞《はしりまい》」を中心に、天王寺楽所のそれぞれの楽人の「家の舞」として、大切に守られてきた伝統の舞が現在にまで引き継がれた見所の多い舞が演じられています。長時間にわたる聖霊会法要の場合、なかなか最後まで見届けることが難しいかと思いますが、ぜひ、この入調の舞楽まで楽しんでいただきたいものです。

以上、聖霊会について、その法要の進行についての概略を述べましたが、聖霊会の法要は、六時堂内と石舞台上での儀式により構成されていることがご理解いただけたでしょうか。特に、六時堂内で行われる法儀については、参詣者の眼に触れることなく執行されるので、ともすれば、聖霊会といえば、石舞台上の舞楽ばかりの印象が強いようです。しかし、この石舞台上で演じられる舞楽や、法要の間に奏でられている雅楽は、法要の儀式次第の進行と密接に結びついたものであること、舞楽の中には、毎年決まって演奏される定番の曲と、毎年差し替えられる曲とがあることもご理解いただけたことと思います。

それと同時に、この石舞台上で舞われる舞楽は、実は、六時堂内におまつりした聖徳太子の御霊に対して奉げられるものであることも知っておくべきでしょう。さらに、繰り返しになりますが、参詣者は、聖徳太子とともに、これらの舞楽を楽しみながら、この世に、理想の世界である極楽浄土を出現させようとする法要の場において、眼前で演じられる舞楽を、極楽浄土の菩薩の舞に重なるものとしてイメージすることができるのだということも心に留めておいていただきたいと思います。

「聖霊会雨中舞楽之図」（四天王寺蔵・江戸時代）

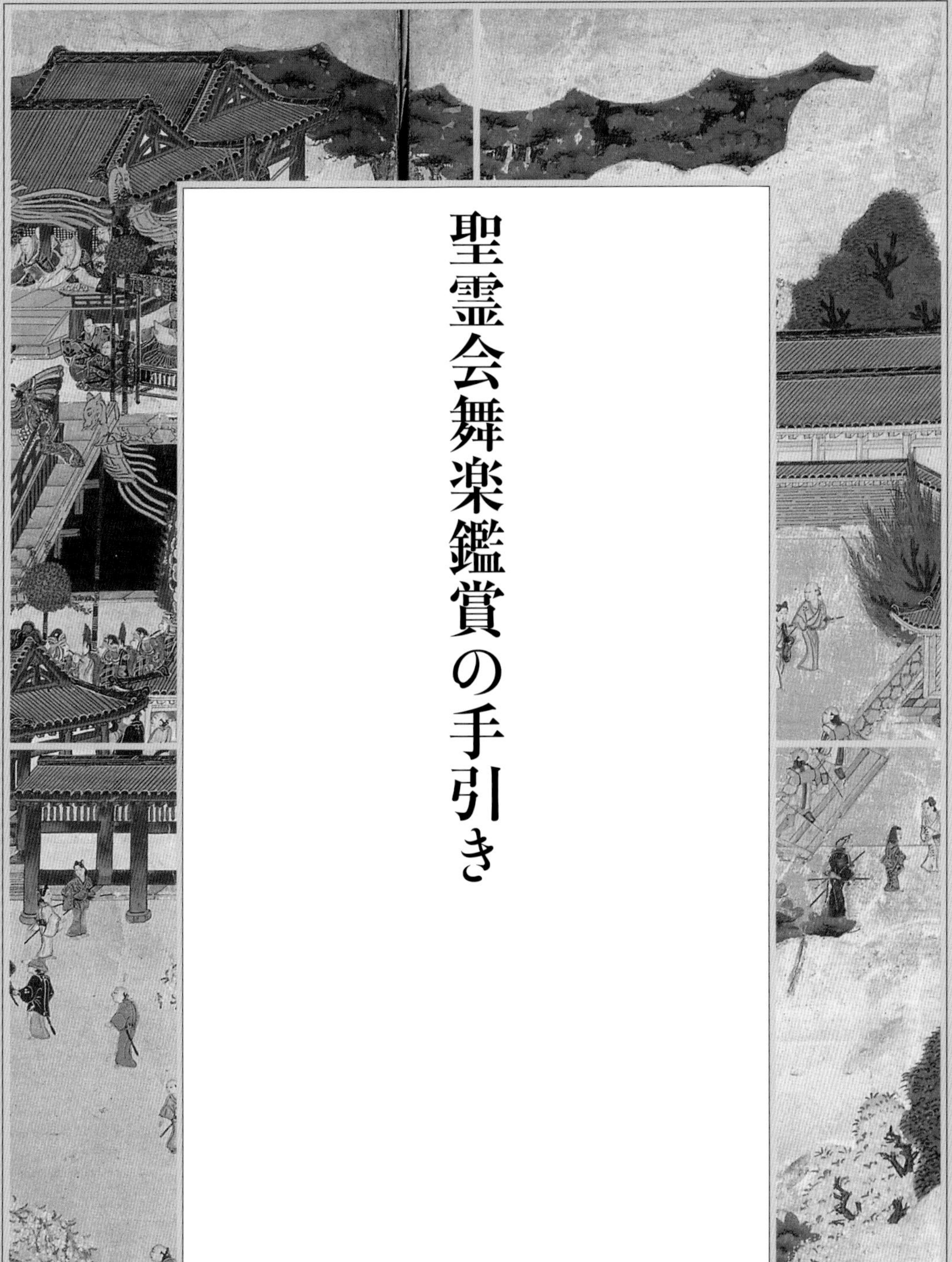

# 聖霊会舞楽鑑賞の手引き

# はじめに——舞楽の分類を知る

聖霊会での舞楽を鑑賞するということは、たとえばコンサートホールなどで、上演されるパフォーマンスとしての舞楽を楽しむのとは、少し異なっています。というのは、聖霊会法要において舞われる舞楽は、あくまで、聖徳太子の御霊《みたま》に捧げられるために舞われる舞楽ですから、私たちは、聖徳太子に捧げられる舞楽をお相伴させていただくという感じで楽しむことになるのです。

聖霊会の舞楽について説明を始める前に、舞楽の曲目がどのように分類されているのかについて簡単に解説しましょう。以下でも、舞楽の曲名は、〈 〉で囲うものとします。

## 1 左舞と右舞

別にまとめた「雅楽と舞楽の歴史」の項で説明していますが、雅楽の楽と舞とは、その音楽や舞がどの地域で作られたのか、どのような経路で日本に伝わったのか、などによって、①中国大陸系の左方の楽、すなわち唐楽《とうがく》と、②朝鮮半島系の右方の楽、すなわち高麗楽《こまがく》とに分類されます。舞楽も同じように、中国大陸に由来する舞は、左方の舞ということで左舞《さまい》とされ、朝鮮半島に由来する舞は右方の舞、右舞《うまい》と分類されます。

さて、この左舞と右舞の違いは、どのように見分ければよいのでしょう。専門的には、いくつかのポイントがあるのですが、まず一番分かりやすい方法として、舞楽装束の色合いを見るということが挙げられます。左舞の装束は、原則として、赤および紫系統の色を基調とした色調を用い、金物はすべて金色となります。右舞では、緑および黄色を基調とした装束に、銀色の金物が用いられます。このように、色彩的な相違で見分けることができます。

舞の動きも、左舞が音楽の旋律に合わせて動くのに対して、右舞は音楽のリズムに合わせて動くという違いがありますが、これは少々分かりにくいかもしれません。

右方の舞台装束の例

左方の舞台装束の例

| | 左舞（唐楽で舞う） | 右舞（高麗楽で舞う） |
|---|---|---|
| 装束の色 | 赤を中心に、一部紫など。舞によっては、紫系の色調がメインになる装束もある。一部、その舞に独特の装束を用いる舞楽については、異なった色合いの装束を用いる。 | 緑を中心に、一部黄色など。舞によっては、黄色系の色調がメインになる装束もある。一部、その舞に独特の装束を用いる舞楽については、異なった色合いの装束を用いる。 |
| 装束および持ち物の金具を模した部分 | 金色 | 銀色 |
| 舞台への登場の方法 | 楽舎側から見て右側階段から。正面の六時堂側から見ると、左手になる。 | 楽舎側から見て左側階段から。これも六時堂側からみると、右手になる。 |

このように舞楽の曲のそれぞれは、左右の二つのグループに分類されるのですが、この舞楽を正式に演奏する場合は、この左右の中からそれぞれに決められた一曲を選んで組み合わせた「番《つがい》」をペアとして、まず左舞、そして右舞を連続して舞うこととされています。聖霊会でもかつては、舞楽に関しては、必ず左右の番《つがい》で舞われていました。しかし、昨今は、舞楽も、このような「番舞《つがいまい》」形式で演奏される機会は少なくなり、聖霊会でも、左舞か右舞のいずれか一曲のみを儀式次第に合わせて交互に舞うことになっています。

## 2　舞人の数による分類

この左右の区別に加えて、舞人の人数により、「一人舞」（〈陵王《りょうおう》〉、〈貴徳《きとく》〉など）、二人舞（〈青海波《せいがいは》〉、〈納曽利《なそり》〉など）、四人舞（〈太平楽《たいへいらく》〉、〈延喜楽《えんぎらく》〉など）と分類することもあります。もちろん、四人舞を六人で舞うこともあれば、聖霊会の〈蘇利古《そりこ》〉のように、通常は四人で舞う舞楽を五人で舞う例もありますし、〈納曽利〉は一人で舞うこともありますので、人数による分類は、あくまで原則的な人数を基準としたものになります。

## 3 舞振りや装束による分類

　また、舞振りや用いられる装束の違いによる分類もあります。これは、①複数の舞人が優雅に舞う「平舞《ひらまい》」（〈万歳楽《まんざいらく》〉、〈延喜楽《えんぎらく》〉など）、②一人もしくは二人の舞人が激しく動きまわる「走舞《はしりまい》」（〈陵王《りょうおう》〉、〈納曽利《なそり》〉など）に分けられます。さらに、盾《たて》や鉾《ほこ》などの武具を用いる③〈武舞《ぶのまい》〉（〈太平楽〉、〈陪臚《ばいろ》〉など）とこれを用いない④〈文舞《ぶんのまい》〉（〈春鶯囀《しゅんていか》〉、〈青海波〉など）に分けられる場合もあります。ただし、「平舞」はほとんどが「文舞」であるので、この両者を区別しないことが多いようです。

　さらに、子供が舞う⑤「童舞《わらべまい》」として、〈迦陵頻《かりょうびん》〉、〈胡蝶《こちょう》〉がありますが、〈陵王〉や〈還城楽《げんじょうらく》〉などの「走舞」を、子供が舞うこともあります。しかし、大人が舞う曲を子供が舞う場合は、大人のように面を付けることをせずに、化粧をした顔を見せ、垂髪《すいはつ》に天冠《てんかん》を付けて舞います。また、〈還城楽〉のように、とぐろを巻いた蛇を小物として使う舞は、草花を丸く円にしたものをこれに代えるなどの独自の演出がとられます。なお、舞楽装束については、装束に関する部分を御覧ください。

　さて、こうして整理してみますと、ひとつの舞に対しても、どの観点からこれを分類するかによっていくつかの分類が当てはまることがわかります。たとえば、〈万歳楽〉であれば、その舞人の数から「四人舞」と呼ばれたり、舞の様子から「平舞」とされたり、舞人が武具を持たないことから「文舞」とされるということになります。でも、〈万歳楽〉を六人で舞うこともあります。同じく、〈納曽利〉であれば、「二人舞」で「走舞」となりますが、この〈納曽利〉は場合によっては一人で舞うこともありますので、この時は、「走舞」ではありますが、舞楽としての名前が変わって〈落蹲《らくそん》〉になるという複雑な例もあります。その上、奈良では、〈納曽利〉は一人で舞う時の名称で、二人で舞うなら〈落蹲〉とする逆の名称があてはめられます。このように、舞楽の分類は、なかなか一筋縄ではいかないところがあるのです。

以下では、聖霊会の舞楽を、一、毎年必ず演じられる法要の進行上必要な舞と、二、主に四箇《しか》法要《ほうよう》の中で舞われる舞（これは、毎年異なった舞が演じられます）、三、主に入調の舞楽として舞われる舞（これも、その年ごとに異なる舞です）、そして、四、現在では舞われなくなった舞に分けて説明することにしましょう。

# 一　法要の進行上必要となる舞

## ⑴ 振鉾《えんぶ》

　周の武王が、黄金で飾った「まさかり」と指揮官が持つ白旄《びゃくほう》を手にして天下を平定したことを誓った様子を表現した舞とされます。聖霊会では、これから執り行われる聖霊会の法要の場に神仏の来臨を仰ぎつつ、法要の場を清めるために舞われます。

　すでに述べましたように、舞楽の曲は、左方か右方のいずれかに属することになっていますが、〈振鉾〉は「左右兼帯」とされ、左方と右方の双方の舞人によって舞われるものです。〈振鉾三節〉といわれるように、三度繰り返して舞われる演奏法が正式なものです。この場合、その初節は左方の舞人、次の中節を右方の舞人がそれぞれ一人で舞い、最後の後節だけは初節と中節を舞った左右の舞人が揃って二人で同時に舞います。

　舞人は、それぞれに左方と右方の襲装《かさねしょう》束《ぞく》を片肩袒《かたかたぬぎ》で着用し、鳥甲をかぶり、鉾を両手で奉げ持って登場します。この鉾は、舞台上で舞にあわせて上下左右に打ち振られます。最後の三節目では、舞台上に、赤系統の左方襲装束と緑系統の右方襲装束を着用した舞人が同時に姿をあらわすこととなりますので、色彩的にも非常に美しい対比を示します。

　この〈振鉾〉は、聖霊会の場に限らず、舞楽が演奏される場合には、その最初に舞われるとされる儀礼的な曲です。三節はそれぞれ、初節は天神に供され、中節は地祇に和すもの、後節は先霊を祭るという目的のもとに演奏されるものです。舞人は、「天長地久・政和世理・国家太平・雅音成就」などの鎮詞を唱えながら舞います。通常は、三節目を省略して演奏されることが多いのですが、四天王寺では、必ず三節ともに舞われることになっています。

# （2）蘇利古

そりこ

〈蘇利古〉は、聖霊会の導入部において非常に重要な役割を持つ舞です。なぜならば、この舞は、六時堂内での聖徳太子御影の帳《とばり》を上げる「御上帳《みじょうちょう》」および御影に御水を捧げる「御手水《みちょうず》」の儀式にあわせ、聖徳太子の御目覚めをお慰めするために演じられる舞楽とされているからです。

緑系の装束がこの舞が右舞であることを示しているように、〈蘇利古〉は、朝鮮半島より伝来した舞で、百済《くだら》よりの帰化人須々許理《すすこり》が伝えたとされています。朝鮮半島の古代国家である百済の国では、酒を造るにあたっては、まず竈《かまど》と井戸の神を祭る習慣があり、〈蘇利古〉の舞はこの祭祀に起源を持つものであるともされています。

舞楽の中には、その舞に専用の音楽を持たずに、他の雅楽曲や舞楽の曲を借りてきて舞を舞うものがいくつかあるのですが、この〈蘇利古〉もそうした舞の一つで、伴奏の音楽は〈狛桙《こまぼこ》〉の曲の一部を借りているのです。ですから、〈蘇利古〉という楽曲は存在しないのです。

〈蘇利古〉の舞を見る人の眼を引き付けるのは、何といっても、その独特な面でしょう。この、長方形の布に人の顔を抽象的に描いた「雑面《ぞうめん》」は、〈蘇利古〉の他に、〈安《あ》摩《ま》〉にも用いられます。舞人の手には、木製の桴《ばち》である「白楚《ずあえ》」（「ずばえ」とも）が握られています。通常は四人舞とされるこの舞を五人の舞人で舞うのは、四天王寺に独特の表演方法です。

(3)
# 菩薩と獅子

ぼさつとしし

〈菩薩〉も〈獅子〉も、かつては舞があったのですが、現在では舞の伝承が失われてしまったために、どちらの曲も、石舞台の上で簡単な所作をするのみとなっています。いずれもが、推古天皇の時代、七世紀初めに伝来したとされる「伎楽《ぎがく》」の名残をとどめるものです。

〈菩薩〉の面を付けた舞人は、それぞれ、脇に付き添う手を引く役の楽人に付き添われ、左方と右方より登場し、左右の階段から舞台へと上ります。その後、菩薩は向き合う形になって舞台中央まで進み、向きを変えて階段に向かい舞台を降ります。そして、再び舞台に上った菩薩は、もう一度舞台を回って階段から降りるのです。それだけの所作なのですが、二体の菩薩の動きが、あたかも二重の輪を描いたかのようになるので、この所作は「大輪小輪」と呼ばれます。

〈獅子〉も、同じく、石舞台の上では、四方を拝する動きと、「大輪小輪」の動きを行うのみです。この伴奏をなす音楽は、笛と打楽器のみで演奏されるのですが、十三世紀に成立した『教訓抄』という雅楽の専門書において、「この曲は、四天王寺と住吉大社に独特の曲であり、本来の獅子の曲よりも面白い」と記される曲に由来するものです。この時代において、すでに四天王寺には、都の雅楽とは異なる伝承が保持されていたことが分かります。

〈獅子〉の動きは地味ですが、仏教の世界では、この獅子という動物には、邪をはらい、福を呼び込む力があるとされています。つまり、この二頭の獅子たちは、本坊から石舞台を経て六時堂にいたる聖霊会法要のための道行の道中の先頭を勤め、露払いとして邪をはらったあと、ここで再び石舞台に上り、聖霊会法要の場を清めるという役目を担っていることになります。さらに、この獅子たちは、民俗芸能として行われている「獅子舞」の原型の一つでもあるとされています。

〈獅子〉

〈獅子〉の胴覆は現在のものとは異なる。146頁以降参照

(4)

# 迦陵頻と胡蝶

かりょうびんとこちょう

〈菩薩〉と〈獅子〉に続いて、道行や伝供の際にも舞楽装束で参加していた子供たちが、〈迦陵頻〉と〈胡蝶〉という番《つがい》の舞を連続して舞うものです。現在の聖霊会で、古式の名残をとどめて左右の番が揃って舞われるのは、この童舞の番のみです。

〈迦陵頻〉は〈鳥〉という別名が示すように、天竺の祇園寺の完成を祝う場に極楽の鳥である迦陵頻伽《かりょうびんが》が飛来した際に、妙音天が奏した曲に由来するとされていいます。ですから、この舞を舞う子供たちは、背中に羽をつけた迦陵頻伽を模した装束を着用します。子供たちは、その手にもつ「銅《どう》拍子《ひょうし》」(小さな金属製のシンバル)を打ち合わせながら舞いますが、このシンバルの音は、迦陵頻伽の鳴き声をあらわすものといわれています。足元のボーダー柄のモダンな靴下のように見えるものは、「鳥足《ちょうそく》」と呼ばれる装束で、まさに迦陵頻伽の足のイメージなのでしょう。

〈胡蝶〉は、〈迦陵頻〉と番をなす右方の舞で、これは、九〇六年、宇多天皇の時代に行われた童相撲御覧の開催にあたって新たに作られた舞であるとされます。つまり、左方と右方とにわかれて争われる相撲の勝負の結果に合わせて演じる舞として、もとからあった左方の童舞である〈迦陵頻〉のペアになる曲として、新たに作られた舞であるというわけです。このように、〈胡蝶〉は、日本製の舞楽ではありますが、右方高麗楽の舞としての緑系の装束を着用します。背中に美しく彩色された蝶の羽をつけ、舞人が手に持ち、また天冠にも添えられる山吹の黄色が、緑の装束に美しく映えるものとなっています。

〈迦陵頻〉も〈胡蝶〉も、いずれの舞も本来は子供が舞う童舞なのですが、最近では、女児や若い女性が舞う例も多い中で、四天王寺では古来の伝統を守って男児が舞うことになっています。化粧をし、垂髪に冠をつけた様子は、この伝統を知らない人には、女の子が舞うように見えるようなのですが、すべて男児の舞人です。

ところで、四頁でもご紹介した『四天王寺・住吉大社図』には、江戸時代の聖霊会

〈胡蝶〉

〈迦陵頻〉

の様子、まさに〈胡蝶〉の舞の様子が描かれるものの、なぜか、石舞台の上には、舞人が二人しか描かれていません。どうしてでしょうか。

　史料によると、江戸時代の天王寺楽所の楽人たちは、なかなか男児に恵まれなかったらしく、現在では、四名あるいは六名もの男の子が舞台に上がる童舞も、江戸時代では、多くても二人で舞い、場合によっては一人で舞う、もしくは、舞人がいないという時代が長く続いたようです。

　ですから、この絵に童舞の舞児が二人しか描かれていないのは、実は、当時の四天王寺における舞楽演奏の実態を正確に表現したものであるともいえます。描いた絵師が面倒くさく思って省略したわけではないのです。このように童舞の舞人がいつも少なかった江戸時代の四天王寺楽人が、現在の聖霊会の童舞の賑やかさを見たら、どのような感慨を抱くことでしょうか。

　さて、〈胡蝶〉は、童相撲の際に作られたと説明しましたが、相撲と舞楽がどのように結びつくのかということについて、もう少しご説明しておきます。平安時代の宮中行事では、相撲をはじめ、競馬《くらべうま》、賭弓《のりゆみ》など、左右に分かれて行われる勝負事がしばしば執り行われました。こうした勝負事の場合には、左方の組には、左方唐楽の演奏チームが、右方の組には右方高麗楽の演奏チームが割り当てられ、勝負に勝った側の演奏者たちが、あたかも、現在でもそのチームを応援するブラスバンドが音楽を吹き鳴らすように、雅楽を演奏し、勝利を祝う舞楽を舞うということが行われたのです。

　このような儀式との関係により、左と右という舞のグループ分けやペアを作る必要が生じ、左の〈迦陵頻〉の番《つがい》となる右の〈胡蝶〉が作られることになったのです。

## (5) 太平楽

たいへいらく

〈太平楽〉も、四天王寺の聖霊会では、欠かすことのできない舞です。というのは、すでに述べたように、この舞の途中で舞人が太刀を抜くのを合図に、石舞台の周りにおかれた篝《かがり》に火が入れられ、それと同時に、六時堂から聖徳太子の御影が還御されて聖霊会の法要部分が終了するからです。この舞の後に舞われる舞楽は「入調《にゅうじょう》」、つまり、法要の場に集まった人々が楽しむために演じられる舞楽となります。

　江戸時代では、〈太平楽〉は、この入調の舞として舞われていたにもかかわらず、この〈太平楽〉が終わるまでは、「法要中」とされていたようです。そして、〈太平楽〉の番である〈狛桙〉になると、完全に入調の舞とされ、省略も可能、楽所の側に進行の支配権が移ったようです。そういう意味では、今も、昔も、聖霊会の区切りを告げる舞として、重要な役割を持つ舞です。

〈太平楽〉は左方唐楽の舞楽です。舞人が登場すると、その見事な装束に、目をひきつけられることでしょう。〈太平楽〉の舞人は、兜《かぶと》をかぶり、太刀を佩《は》き、鉾《ほこ》を持っています。さらに、装束の上に、鎧《よろい》を着用し、さらに戦闘時に身を守るための肩喰《かたくい》・帯喰《おびくい》・魚袋《ぎょたい》・胡籙《やなぐい》・籠手《こて》・脛当《すねあて》などの付属品も着用しています。これらを着用するための紐の結び目は五十ヶ所ほどになり、この一式を着用するだけで小一時間ほどかかるそうです。この姿は唐代の武人装束を模したものですが、その装束の重さは十五キロを超えています。それを身につけて、舞人たちは、一時間近く連続して舞うのです。〈太平楽〉は、このように戦闘時の装束を着用し、太刀を抜いて敵味方が攻防する様子を舞う武の舞ではありますが、実は、平和を祈願する舞とされ、舞人の背中に背負われる「胡籙《やなぐい》」に納められる弓矢は、実戦用とは逆に矢尻を上にされています。舞を演じる様子から受ける印象と、この舞の目的とするところは、正反対のものなのです。

　ところで、大阪弁の「太平楽なお人やなあ」、つまり、「のんきな人だな」という表現は、この〈太平楽〉に限らず、舞楽というものが、全般がのんびりしているので、その舞楽を舞う様子からこのような言い回しがされるのだといわれています。ところが、江戸では、「太平楽を並べる」といえば、「悪態をつく」という意味であったらしいのです。「悪態をつく」わけですから、決して「のんびり」というわけではないでしょう。同じ舞楽の曲名が、江戸時代の大坂と江戸では、このように全く異なるニュアンスをもって使われていたというのはおもしろいことです。

# 二　四箇法要の中で舞われる舞

江戸時代の記録によると、聖霊会の舞楽は、法要部分の舞楽である「供養舞」と、法要終了後の「入調舞」とに分けられていました。おもしろいのは、法要中の舞については、何があっても省略は出来ないのが原則という態度が示されているのに対し、入調部分の舞のうち〈太平楽〉のあとの舞については、天候や法要次第の進行状況に遅れがあった場合など、当日の状況次第で、これはやめておこうか、と省略されることがあったことです。つまり、当時の人々の意識の中では、この二つのジャンルに属する舞楽について、その舞を舞う意味の重さに違いがあると考えられていたことがわかるのです。

この「原則省略できない」とされた法要中で舞われた舞楽とは、すでにご紹介した〈振鉾〉以下、〈蘇利古〉、〈迦陵頻・胡蝶〉という現在でも定番になっている舞楽に加え、〈万歳楽・延喜楽〉、〈桃李花《とうりか》・登天楽《とうてんらく》〉のペアを加えた八曲でした。細かく見ると、「散華」のあとの行道で、〈一曲《いっきょく》〉の舞も舞われましたので、厳密には、九曲でしょうか。古い時代の舞楽目録には、〈菩薩〉と〈獅子〉の記録がない場合もあり、この二曲は正式な舞楽とは考えられていなかったようですが、法要の中では、もちろん演じられていました。

一方の、「場合によっては取りやめてもよい」とされた入調の舞楽は、固定された定番のレパートリーと、年毎に新しく入れ替わる曲目（これを「新舞」と呼んでいたようです）とによって構成されていました。定番、つまり必ず舞われるとされた舞楽は、最初に舞われる〈安摩《あま》〉以下、〈散手《さんじゅ》・貴徳《きとく》〉、〈太平楽《たいへいらく》・狛桙《こまぼこ》〉、〈甘州《かんしゅう》・林歌《りんが》〉、〈陵王《りょうおう》・納曽利《なそり》〉、〈賀殿《かでん》・地久《ちきゅう》〉、〈還城楽《げんじょうらく》・抜頭《ばとう》〉の六番《つがい》の十二曲に、最後に舞われることにきまっていた〈陪臚《ばいろ》〉を合わせて十四曲がありました。

これに加えて、年毎に入れ替わる「新舞」とされた舞楽は、二番の四曲の舞があったのですが、一八三〇年に、それまで四天王寺においては長らく舞われることがなかった〈蘇《そ》莫者《まくしゃ》〉の舞が再興されたので、それ以来、定番のレパートリーに、〈蘇莫者・八仙《はっせん》〉の番《つがい》が加わって、以後は、一番二曲のみが、年毎に入れ替わることになりました。これらの舞は、〈太平楽・狛桙〉の番のあとに適宜組み込まれました。いずれにしろ、入調の舞としては合計十八曲もの舞楽が演じられることとなり、法要の舞楽の九曲と合わせると、聖霊会法要を通じては、二十七曲もの舞楽が演じられていたのです。

　このうち、天候や時間の都合で、「省略してもよい」とされたのは、この年毎に入れ替わって演奏される「新舞」のペア、そして定番の舞楽の中では、〈甘州・林歌〉と〈賀殿・地久〉のペアだったようです。まずは、その年の「新舞」、次に〈甘州・林歌〉と〈賀殿・地久〉のどちらかのペアか、あるいは両方というパターンで、その時々の状況に応じて省略されていました。現代の我々の感覚からすると、その年にしか演奏しない舞楽をこそ省略せずに演奏してほしいとなるのでしょうが、どうにも不思議な省略の優先順位となっていました。

　現在の聖霊会では、法要部分では、〈振鉾〉と〈蘇利古〉、〈迦陵頻・胡蝶〉のほかには、四箇法要部分に組み込まれる舞楽は、二曲のみとなり、最後に〈太平楽〉が入るようになっています。「散華」のあとの行道が廃止されたことと、法要内での舞楽を左右の番で舞わずに、儀式の進行に合わせて左方と右方からそれぞれに一曲ずつを演奏するようになったために、このように舞楽の曲数が減っているのです。ただし、四箇法要部分の二曲の舞楽は、年毎にレパートリーを入れ替えて、さまざまな舞が奉納されることになっています。

　以下では、この四箇法要部分の入れ替わりで舞われる曲目について、左舞と右舞とに分けて紹介していきます。また、現在の聖霊会では、この部分の舞楽が番《つがい》で舞われることはありませんが、参考のために、それぞれの舞のペアとされる「番舞《つがいまい》」も紹介しておきます。ただし、これは、四天王寺での例を紹介するものですから、他所ではこれ以外の組み合わせで番《つがい》を組む場合もあります。

# 1 左方の舞

## (1) 万歳楽

まんざいらく

「万歳」という曲名からも分かるように祝賀の舞として、宮中においても即位礼などの賀宴で舞われる舞楽です。古い時代においても宮中の正月行事のひとつである「踏《とう》歌節《かのせち》会《え》」に必ず舞われたほか、宮中以外の場における多くの行事で舞われるもので、いわば、スタンダード・レパートリーとして舞楽を代表する曲のひとつでしょう。この舞楽の作者は、隋の煬帝であるとか、唐の武大后、あるいは漢の武帝ともいわれますが、中国の地より、誰がこの舞を伝えたのか、また、どのようにして日本に伝わったのかは不明です。

四天王寺においても、かつては、舞楽を伴う法要が年間十四回も執り行われていたのですが、その法要のすべてにおいて、〈万歳楽〉とその番《つがい》である〈延喜楽〉が舞われていました。そういう意味では、天王寺舞楽を代表する舞のひとつであるともいえるでしょう。

とはいえ、十四回もの法要のすべてにおいて、舞楽はこのように美しい舞楽装束をつけて舞われたわけではなかったようです。江戸時代の記録では、舞楽を伴う法要において、現在のように舞楽装束を着用することは大法要の場合にしか行われず、それ以外の法要では、狩衣《かりぎぬ》という、通常は楽を演奏する楽人が着用する装束のままで、それも一人だけが舞ったことが多かったらしいのです。それに、多くの法要は、人々の目に触れることなく執り行われていました。ですから、聖霊会のような大法要の場で、何人もの舞人が色鮮やかな襲装束《かさねしょうぞく》をはじめとする舞楽装束を着用して舞う姿は、古い時代の人にとっても、数少ない華やかな舞楽を楽しむ機会であったことでしょう。

**番舞は〈延喜楽〉**

## (2) 甘州
かんしゅう

その起源については、唐の玄宗皇帝の時代にまでさかのぼることが出来るとされる舞です。甘州というのは、中国の辺境の地名、現在の甘粛省は張掖のことです。しかし、この舞にまつわる伝承には、海や船が関わってくるので、黄土高原地域に存在するこの町と、〈甘州〉の曲とは、直接的には結びつかないような印象があります。

さて、その伝承というのは、海辺に甘竹という竹が密生している場所があったのですが、その根元には毒虫がいてこれを切ることができないということで、人々が困っていました。しかし、船に乗ってこの楽を演奏しながら竹を切ると、不思議なことにその楽の音がこの毒虫を好んで食べる金翅鳥の鳴き声に聞こえるために、毒虫は、竹を切る人々に害を及ぼさなかったというものです。つまり、この舞を伴奏する楽は、海辺に生活する人々と関わりの深く音楽であったということになります。

そして、舞については、唐の玄宗皇帝が中国道教発祥の地のひとつである青城山に遊んだ際に、官女の装束が風になびく様子が、まるで仙女が舞うように見えたので、その様子を舞楽としたものといわれています。しかし、実際の舞の様子をみると、襲《かさね》装束《しょうぞく》の袍《ほう》の両肩を脱いだ「前掛《まえだれ》・裾《きょ》」という着用方法で舞われるこの舞と、袖を翻す仙女の姿は、やはり、少々結びつきにくい気もします。雅楽・舞楽は、中国や朝鮮半島の国々から日本に伝来したとされているとはいえ、日本に伝わった後に、かなりその姿をかえてしまったということでしょうか。

この舞には、舞楽の動きとしては非常に早い動きを見せる「種子播手《たねをまくて》」という舞の型があるほか、四天王寺では、この舞の演奏に際しては、破の〈延甘州〉と、急の〈早甘州〉の二段に分けて舞うという独特の演奏法が伝えられています。

番舞は〈林歌〉

## (3) 賀殿

かでん

これも襲装束という一般的に用いられる舞楽装束を着用する舞ですが、通常は鳥甲を着用するところに、この舞に独特の甲を着用するという点が変わっています。この舞の音楽は、九世紀中ごろに、当時、雅楽に使われる楽器のひとつである琵琶《びわ》の名手として有名であった藤原貞敏《ふじわらのさだとし》が、唐に渡り、そこで学んだ琵琶の曲として日本に持ち帰った旋律に合わせて、和邇部太田麿《わにべのおおたまろ》という人が笛の部分を作曲したものであるといわれています。基本は中国の音楽、そこに、日本であらたに旋律を重ねたということでしょうか。

そして、舞については、その後すぐの仁明天皇の時代（在位八三三〜八五〇）に、勅命によって林真倉《はやしのまくら》が作舞したといわれています。ですから、日本で出来た舞ということですね。舞楽については、日本製の舞でも、その曲の様式によって、左舞としたり、右舞としたりして、左方と右方の二分類にしたがってグループ分けをします。たとえば、すでに紹介した〈胡蝶〉も日本で作られた舞ですが、右舞として分類されていましたね。

さて、嘉保二（一〇九五）年八月のこと、臨時の皇居として使用された里内裏の建物が新造され、祝賀の相撲が催された際に舞楽も演じられたのですが、その時のことです。本来ならば、その舞楽としては、祝賀の曲である〈万歳楽〉が予定されていたのですが、このときに、平安時代後期の優れた漢学者で歌人でもあった大江匡房《おおえのまさふさ》が、「今日は、〈万歳楽〉はやめておいて、〈賀殿〉にしましょう。この舞は面白いですし、新しく出来たこの御殿で舞うのにふさわしい舞ですから」として、急遽、曲目の変更をしたといわれています。

たしかに、〈賀殿〉は、「御殿を賀する」舞と解釈できる曲目ですが、急に変更を申し渡された楽人や舞人はたまったものではなかったでしょう。あるいは、前もって打ち合わせ（この「打ち合わせ」という言葉も、リハーサルを意味する雅楽用語が一般化した言葉です）がされていたのでしょうか。ともかく、この一件以来、〈賀殿〉の舞は、その曲名のとおり、新築の建物の完成を祝う曲として演奏されるようになります。

四天王寺では、この〈賀殿〉は、聖霊会の定番の舞として、右方の〈地久〉と番で舞われて続けてきた舞楽です。また、〈万歳楽〉・〈延喜楽〉の番とともに、しばしば用いられた舞楽でもあります。宮中では、祝賀行事のほかにも、正月の節会において、〈延喜楽〉と番とされて舞われたようです。

番舞は〈地久〉

(4)

# 承和楽

しょうわらく

舞人は、襲装束の袍を、片方の肩をおとして着る片方袒《かたかたぬぎ》で着用し、鳥甲をかぶります。「冬明楽」という異称もあるこの舞は、江戸期の四天王寺では、聖霊会の四箇法要部分ではなく、入調の舞のうちでも、その年ごとに入れ替えられた「新舞」の演目として舞われた記録がありますが、それほど頻繁に舞われることはなかったようです。

この曲は、左方唐楽の舞に分類されるのですが、その曲目からも分かるように、承和年中（八三四〜八四八）、宮中にて「黄菊の宴」が催された時に、天皇の命により、三嶋武蔵が舞を、大戸清上が音楽を作ったものといわれています。また一説には、承和帝（仁明天皇）が、自ら作られた曲であるともいわれます。

いずれにせよ、この曲の音楽も舞も、いずれもが日本で作られたものであり、曲が作られた時の年号である「承和」に由来する曲名が付されていることが分かります。つまり、日本製の唐楽曲ということになります。また、その音楽が作られた時の年号を曲名とする舞楽には、他に〈仁和楽《にんならく》〉がありますが、その〈仁和楽〉と、この〈承和楽〉とは番舞になっています。

さて、鎌倉時代の雅楽の専門書である『教訓抄』には、「この曲は、伎楽の「酔胡」にも用いられるが、その理由がよく分からない」とする文章があります。この「伎楽」とは、聖徳太子の時代に伝えられたとされる仏教法要の際に演じられるパレードとパントマイムとを組み合わせたような芸能ですが、現在では、どのような演技が行なわれたのかよく分からないとされています。

そして、『教訓抄』をまとめた狛近真の時代（十三世紀前半）においても、その伎楽の「酔胡」にも本来の音楽があったはずですが、「このごろは、この〈承和楽〉の舞の音楽を使う」とされていて、かつ、その理由がわからないと、著者の近真は述べているのです。もうすでに、この時代において、「伎楽」の本来の姿が失われつつあった事が分かります。

番舞は〈仁和楽〉

(5)

# 春庭花

しゅんていか

この舞楽の曲名は、四天王寺では、「しゅんていか」と濁らないで読むのですが、一般には「しゅんでいか」と読むようです。この〈春庭花〉というのは、〈春庭楽〉という舞を二回繰り返して舞う時の名称になります。

この曲も、もともとは、八世紀末、雅楽を学ぶために唐に派遣された遣唐舞生の久礼真蔵（あるいは真茂）が、唐より伝えた音楽であったといわれていますが、承和年間（八三四～四八）に当時の天皇の命により、その音楽を改めて、春の季節に演奏するのにふさわしい音楽とされ、また、舞も犬上是成によって、作舞されたといわれています。つまり、中国に起源はあるが、日本でアレンジされた音楽ということです。

舞人は、蛮絵装束を着用して、太刀を佩きます。蛮絵とは、舞人の装束に付された文様のことを意味し、二匹の獅子を向かい合わせにして円を描くようにかたどったもののことです。この蛮絵がついた装束である蛮絵装束は、もともとは宮中の近衛の官人が着用した装束です。舞楽装束の場合、通常は、左方は浅葱（薄い藍色）の袍を用いるのですが、四天王寺では紫を用いています。

巻纓の冠には、「挿頭花《かざし》」と称される花飾りを付けます。これは、それぞれの季節の花や紅葉などの葉物を用いて、年間を通じて着用する装束では表現しきれない季節感を醸し出す重要な小道具となっています。

番舞は〈白浜〉

篝の舞楽にて

(6)

# 桃李花

とうりか

これも、蛮絵装束を着用する舞です。ただし、〈春庭楽〉と異なり、太刀は佩《は》きません。この曲は、唐の高宗（在位六五〇～六八三）の時代に、草木に関係ある曲を二十一曲作ったとされる曲の中のひとつであるといわれています。唐では、三月三日に行われた「曲水の宴」の際に演奏された曲だということです。

日本へは女性が舞う「女舞」として伝えられ、本来は、内教坊に属する女性の「舞妓」が舞ったものであったとされています。その時代には、現在のような蛮絵装束ではなく、舞姫用の装束を用いたのでしょうか。現在では、女性も、男性と同じ装束をつけて舞楽を舞うことも多いのですが、四天王寺では、女性が石舞台の上で舞を舞うことはありません。

しかし、かつては女性専用の「女舞」も存在したのです。とはいえ、その女舞のひとつであった〈桃李花〉も、その後、女性の舞姫が活躍した内教坊の制度が廃止されたことで、女舞としての伝統が断絶してしまいます。

そのためでしょうか、〈央宮楽〉の舞を〈桃李花〉の舞として用いることとして、これが現在にまで伝えられている〈桃李花〉となっています。古くは、唐に同じく、三月三日に行われた「曲水の宴」で演奏された曲です。

このように、その起源は、中国唐の時代に求められる楽であっても、日本に伝来後、さまざまな変化を遂げたり、改変を加えられたりすることで、雅楽の音楽や舞は、日本的なものへと変化していったのです。

番舞は〈登天楽〉

経供養にて

(7)

# 打球楽

たぎゅうらく

この舞では、裲襠装束《りょうとうしょうぞく》用いられます。「裲襠」というのは、袍《ほう》の上に重ねて着用するもので、細長い布の中央部分に頭の入る穴をあけ、ここから頭を出して着用し、身体の前後に垂らす装束です。裲襠には、この〈打球楽〉のように縁を金襴で押さえた「金襴縁《きんらんべりの》裲襠《りょうとう》」と、「走舞」で用いられる毛皮のような縁がついた「毛縁《けべりの》裲襠《りょうとう》」とがあります。

この〈打球楽〉も、唐に起源を持つ舞です。日本では、五月五日の節会に、内裏の武徳殿で行われた「騎射」の後、馬にのって球子を走らす儀式が行われたということです。このことを「打球」といい、そのときに用いた曲が〈打球楽〉だとされています。この「打球」に参加した人は八十名にもなり、その際には百もの太鼓が打たれたので、その振動で武徳殿の屋根瓦が落ちたと記録されています。なんだかスケールの大きなお話で、日本での行事とはいうものの、非常に古代中国的な雰囲気を色濃く残した儀式であったと推測されます。

またこうした記録からは、この〈打球楽〉が、まさに現在でいうところのポロ競技に似た儀式の伴奏音楽として演奏される楽であったことが分かります。そして、この〈打球楽〉の舞にもその雰囲気が色濃く残されているのです。

四人の舞人は、それぞれに、ポロ競技でボールを打つスティクに似た「球杖《ぎっちょう》」を手にし、うちの一人は、懐に木製の宝珠型の「球子」を入れて舞台に上がります。この「球杖」も「球子」も美しく彩色されています。舞の途中で、この「球子」が取り出され、舞台に置かれた後、舞人は「球杖」を振り上げ、また振り下ろす「玉掻手」を舞いますが、それは、まさに、「球子」を走らす有様の再現であるといえます。

このように〈打球楽〉は、具体的な表現があることから、観客にとっては、見ていて楽しい舞であるのですが、舞う側にとっては、なかなかに大変な舞だと聞きます。というのは、背中合わせになる舞振りが多く難しい上に、「球子」を懐に入れるのを忘れて舞台に上がったり、「球杖」で打つふりだけをするのに、うっかり「球子」を転がしてしまったり、さらには、最後に舞台を降りる舞人が、この「球子」を持って降りるという所作を忘れて、舞台の上にそのままにしてしまったりと、何かと失敗談に事欠かない舞だからだそうです。

番舞は〈仁和楽〉

経供養にて

# 2 右方の舞

## (1) 延喜楽

えんぎらく

古来、この舞は、宮中の年中行事を始め、お祝い事を始めとするさまざまな儀式において、左方の舞である〈万歳楽《まんざいらく》〉と番《つがい》で舞われることになっています。舞人は、鳥甲《とりかぶと》をかぶり、「常装束《つねしょうぞく》」ともいわれる舞楽装束としては標準的な「襲装束《かさねしょうぞく》」を片方の肩だけ抜いた片肩袒《かたかたぬぎ》という着方で着用します。この舞は、四人の舞人が、しずしずと平面的な動きで優雅に舞う「平舞《ひらまい》」で、左舞の〈万歳楽〉に同じく、舞楽のスタンダード・レパートリーだといえるでしょう。

番となる左方の〈万歳楽〉が、隋《ずい》の煬帝《ようだい》、唐の武大后あるいは漢の武帝など中国の皇帝がその作者と伝承されているのに対して、この〈延喜楽〉は、その曲名が示すように、平安時代は延喜八（九〇八）年に、藤原忠房《ふじわらのただふさ》が作曲し、敦実《あつみ》（「あつざね」とも）親王が作舞したとされています。この二人は、〈延喜楽〉に同じく右方の舞で、聖霊会の法要中で必ず舞われる童舞の〈胡蝶〉も作曲・作舞しています。

すでに〈万歳楽〉のところで述べましたが、江戸時代の四天王寺では、年間十四回も舞楽を伴う法要が執り行われていました。それらの法要で、この〈延喜楽〉は、〈万歳楽〉とともに必ず舞われる舞となっていたのです。そして、これも〈万歳楽〉の項で述べましたように、そのすべての法要において、舞人が、舞楽装束を着用して舞ったという訳ではありません。小規模な法要では、雅楽や舞楽をたった六名だけでやりくりして演奏することとなっていたのです。そのために一人の楽人が、ある曲では音楽を担当し、次の曲では舞も舞わなければならないという状況になっていました。

そのような状況ですから、いちいち舞楽装束に着替えることもなく、すでに述べたように、雅楽の楽を演奏するときの装束である狩衣《かりぎぬ》のまま一人だけで舞うと言う略式のスタイルで舞が舞われていたのです。

番舞は〈万歳楽〉

(2)
# 林歌
りんが

四人の舞人によって舞われるこの舞では、その独特の甲《かぶと》と、ねずみの文様が縫い取りされた装束へと視線が引き寄せられることでしょう。この曲は、古くは、子祭《ねのまつり》（十一月の子の日）や、「甲子《きのえね》」の日に演奏されたということですし、催馬楽《さいばら》という雅楽の声楽曲の中の「老鼠《おいねずみ》」という曲の旋律が、〈林歌〉（四天王寺では、〈林賀〉とも表記されるこの曲名を〈林歌〉とします）の旋律に由来することなど、装束の文様だけでなく、さまざまな点で、鼠に縁《ゆかり》のある曲のようです。

さて、その催馬楽の「老鼠」の歌詞は、「西寺の老鼠や若鼠が、袈裟や裳を喰うので、そのことを法師に申し上げなければ」と言う内容です。お寺にとっては、まったく迷惑な鼠で、そういえば、遣唐使が持ち帰る経文を、帰国の船中で鼠が損ねるのを防ぐために中国より猫も同時に連れ帰ったのが、日本の猫のルーツであるとも聞きます。そんなお寺にとっては迷惑な鼠に縁の深い舞楽ですが、四天王寺では、〈甘州《かんしゅう》〉と番《つがい》の舞として、聖霊会の法要後の「入調」の舞の定番としてしばしば舞われていました。現在では、法要の間の舞として演奏されます。

また、朝廷儀式での「勧杯《けんぱい》」が済んだ後の、楽舞などを伴ったくつろいだ饗宴《きょうえん》を「穏座《おんざ》の饗」というのですが、これを「林歌の饗」という場合もあったようです。〈林歌〉の舞は、宮中行事でもしばしば用いられた曲のようですから、こうした呼び方は〈林歌〉の舞が、貴族たちにも馴染みのあった楽曲であったが故に行われたものなのかもしれません。

番舞は〈甘州〉

## (3) 白浜

ほうひん

〈白浜《ほうひん》〉の舞や曲は、おそらく日本で作られたものであろうといわれているのですが、その来歴には不明な点が多い曲です。舞人の装束は「蛮絵《ばんえ》装束《しょうぞく》」で、四天王寺では、右方には鮮やかな黄色が用いられます。巻《けん》纓《えい》の冠には、季節の花が「挿頭花《かざし》」として飾られます。蛮絵装束の舞人の巻纓の冠には、緌《おいかけ》が付くのですが、その緌がちょうど、舞人の頬の位置になるので、遠目には髯のようにも見えたりします。また、舞の途中で、舞人が向かい合わせに跪いて装束の右肩を脱ぐところがあります。一番上の装束を脱いでも、舞楽装束の場合、その下には、下襲《したがさね》を着用しているので見苦しいわけではないのですが、蛮絵装束の下襲は、白地に赤の縁というシンプルなものですから、襲装束のように刺繍の施された半臂《はんぴ》や下襲が見えるわけではありませんので、少々華やかさにかける印象があります。

番舞は〈傾盃楽《けいばいらく》・一鼓《いっこ》・打球楽・春庭花など〉

## (4) 登天楽

とうてんらく

この舞でも、〈白浜〉に同じく、四人の舞人が、巻纓《けんえい》（「まきえい」とも）の冠をかぶり、蛮絵《ばんえ》装束《しょうぞく》を着用します。ところで、この舞は、日本で作られたものであるらしいのですが、古い時代の舞楽の解説書にも、「くわしく申したることなし。うちまかせての舞のごとくなり」と、さしたる秘伝・秘手もないありきたりの舞であるとあっさり片付けられてしまっています。

舞楽の伝承においては、その舞を伝える家に代々伝えられた「秘伝・秘手」を見事に演じること、さらに、それを次世代にしっかりと伝えていくということが重要視されていたので、そうした要素のないこの舞は、古い時代の雅楽の専門書においては、軽く扱われ、特に記すべき逸話などもない平凡な舞とされてしまったようです。

そんな平凡な舞ではありますが、四天王寺では、〈登天楽〉は、聖霊会の法要中に必ず〈桃李花《とうりか》〉と番《つがい》で舞われる定番の舞であり、大切な舞のひとつとして伝えられてきました。「さしたるところもない」とされた舞ですが、聖霊会の伝統とともに、現在にまで大切に伝えられてきた舞のひとつなのです。

番舞は〈桃李花〉

## (5) 綾切

あやぎり

この舞では、舞人は独特の鳳凰をかたどった甲と、女性かと見まがう面差しの面とを着用します。襲装束は、右肩を抜いた片肩袒で着用されます。この曲には、〈愛嗜《あひぎり》女《じょ》〉や〈高麗女《こまじょ》〉、〈大靺鞨《おおまか》〉などいくつもの曲名があるのですが、そのそれぞれの名前の由来については不明であるとされています。

『教訓抄《きょうくんしょう》』（一二三三年成立）には、この舞について、「イカサマニテモ女ナ姿ノ舞ニテ侍ナリ」とあり、女性をイメージさせる面差しの面に加えて、やわらかい舞振りというやさしげな雰囲気のこの舞は、もともとは女性が舞う「女舞」であったといわれています。

現在では、民間においては女性の楽人や舞人も活躍していますが、宮内庁の楽部がそうであるように、雅楽や舞楽は、長い間、男性のみによって演奏されてきました。しかし、〈桃李花《とうりか》〉の項でも述べましたが、古い時代、八世紀ころまでには、宮中に「内教坊《ないきょうぼう》」と呼ばれた女性のための音楽演奏組織が設置され、奈良時代や平安時代には、ここに所属する「舞妓」が舞を舞うこともしばしば行われたのです。現在の舞楽のレパートリーの中では、〈春庭楽《しゅんていらく》〉、〈桃李花〉および〈綾切〉などが、もともとは「女舞」であった曲であるとされています。

さて、〈綾切〉は、江戸時代の記録で見るかぎりでは、四天王寺においては、あまり舞われなかったようです。たとえば、享保十五（一七三〇）年の聖霊会で舞われた後は、寛政八（一七九六）年までの六十五年ほどの間、まったく舞われないままとなっています。史料から推測するかぎりでは、その理由は、この舞に用いられる面が破損したためと思われるのですが、〈綾切〉の女性的な舞振りが、どちらかというとダイナミックな舞振りを好んだ天王寺楽人の好みに合わなかったので、あえて装束を修理して再びレパートリーに加えようとすることもなされなかったのでは、と考えることもできるのではないでしょうか。

番舞は〈春庭楽《しゅんていらく》・承和楽《しょうわらく》・裏頭楽《かとうらく》など〉

経供養にて

## (6) 狛桙《こまぼこ》

〈棹持舞〉という別名が示すように、舞人は、五色に彩られた二・五メートルほどもある棹を持ちます。この舞は、朝鮮半島より日本を目指して海を渡ろうとした人々が、この五色の棹を用いて船を漕いだ様子を舞にしたものと伝えられています。はるか海の向こうから雅楽や舞楽の元になる音楽を千年以上前の時代の日本へと伝えた人々のことにまで、思いを馳せるきっかけを与えてくれる舞でもあります。

装束は、「金襴縁《きんらんべりの》 裲襠装束《りょうとうしょうぞく》」で、〈狛桙〉専用の萌黄色（黄色味のかかった水色）の装束と、専用の裲襠を着用します。また、冠は額の部分に赤の薄絹をまく「抹《まっ》額冠《こうのかんむり》」を用いるとされるのですが、四天王寺では、無紋の冠を持いて、「抹額冠」は使わないことになっています。

　この舞が演じられたもっとも古い記録は、九六三年のものとされています。雅楽や舞楽が、もっとも盛んであった平安時代は延喜《えんぎ》・天暦《てんりゃく》の頃の名残をまだ色濃くとどめる時代です。そして、この舞は、それから、千年以上の時を経ても、なお、その生命を失わずに舞われ続けている舞のひとつなのです。もちろん、雅楽・舞楽の長い歴史の間には幾多の困難な時代もありました。心ならずも変化が求められる時もあったことでしょう。しかし、雅楽・舞楽の演奏に携わった人々は、こうした苦難を乗り越え、場合によっては変化も受け入れながら、なんとかその伝統を絶やさないように努力しつつ、現在にまでこれを伝えてきたのです。

番舞は〈太平楽《たいへいらく》〉

（7）

# 八仙

はっせん

〈崑崙八仙《こんろんはっせん》〉とする場合もありますが、通常は、この「崑崙」を略して〈八仙〉と呼ぶことが多いようです。この曲名の「八仙」とは、中国の『神仙伝』にある淮南王《わいなんおう》劉安《りゅうあん》のもとを訪れ、劉安を昇仙、つまり、仙人にならしめた八人の仙人のことであるとするものもありますし、また、崑崙山の仙禽《せんきん》である八匹の鶴のことであるという場合もあります。はたまた、唐の時代に中国東北地方の東部にあった渤海国《ぼっかいこく》の舞であるとの説もあります。いずれにせよ、この舞の舞人が着用する面は、鶴をかたどったものとされていますし、平安時代の『うつほ物語』などには、長寿をお祝いする舞として舞われている記事がありますから、鶴と関係が深いとされる仙人、あるいは仙禽である鶴に関係する舞なのでしょう。

舞人の装束は、実にユニークで、甲、面、袍のすべてが、この舞に独特のものです。面は、先にも述べたように鶴をかたどっており、とはいうものの、鶴と言うにはあまりに短いくちばしの先に垂らされた紐には鈴が吊り下げられています。舞人の動きに合わせて、この鈴のかすかな音がするのですが、これは、鶴の鳴き声をあらわす音だということです。また、舞のうちに、四人の舞人が、左右の袖を持ち合って輪を作る舞振りがあるのですが、これは、鶴が大空に舞う姿を表現するものだといいます。

装束の袍は、他の舞楽装束と異なり、着物式に打ち合わせるのではなく、Tシャツのように頭から被って着用するものとなっています。そして、この袍には、前後あわせて九匹の鯉が縫い取りされ、その上から青い網がかけられています。舞人の動きによって、この網が動くと、鯉が水中で泳ぐかのように見えるのが不思議な感じがします。

番舞は〈蘇莫者《そまくしゃ》〉

# 3　左右から舞人の出る舞

## 陪臚

ばいろ

〈陪臚破陣楽《ばいろはじんがく》〉ともいい、「破陣楽」という名称の示す通り戦に関係する舞です。特に、この舞の音楽は、戦をする前にこれを演奏することで、これからの戦いの結果を知ることが出来るといわれた曲です。すなわち、この音楽を繰り返し演奏し、七返に至ったときに「舎毛音《しゃもうおん》」が聞こえればこちらが勝利し、聞こえなければ相手軍が勝利するという言い伝えがありました。しかし、この「舎毛音」がどのようなものかについてはよく分からないとされているので、現在では占いようもありません。

　この音楽については、天竺《てんじく》から伝えられたものといもいわれますが、また、別の言い伝えによれば、東大寺の大仏開眼供養法要の際に法要の導師を勤めた波羅門僧正《ばらもんそうじょう》が伝えたものであるともされています。実際に、東大寺の大仏開眼供養法要（七五二年）では、この舞が奉納されているのです。

　舞については、聖徳太子が守屋軍と戦われたときに、〈陪臚〉の音楽を演奏して先の「舎毛音」を聞かれ、戦いに勝利されたことから、その時の戦の様子を舞にしたものであるともいわれています。そうなると、波羅門僧正が伝えたというお話と年代的にあわなくなってしまいますが、舞の途中で、右手に鉾《ほこ》、左手に楯《たて》を持ち、太刀を佩く様子など、いかにも勇ましく、また古くは、左右の舞人合わせて十二名もの舞人が舞ったといいますから、いずれにしても勇壮な舞であったことでしょう。

　この〈陪臚〉の演奏方法は、少々変わっています。まず、この舞の伴奏になる楽は、左方の楽なのですが、舞としては右方の四人舞として扱われる複雑なしきたりをもっているのです。そして、四天王寺では、さらに複雑な演奏に関する決まり事があり、古い記録によると、〈陪臚〉の舞人は、左方の二人が右方の楽舎へ渡り、そして左右の二人ずつ四名が、右方の楽舎より舞台に上がるのですが、その舞の音楽は左方が演奏するとされています。

　これに従い、四天王寺では、現在でも、左方と右方から二名ずつの舞人が舞台に上がるという独自の奏演方法をとっています。そのために、舞が始まるまでに、舞人が舞台を上り下りする所作を繰り返すということを行います。

　この舞は、江戸時代の終わりまでは、聖霊会舞楽の最後、入調の締めくくりの舞楽として、欠かされることなく舞われてきた舞でした。江戸時代から明治三年までの聖霊会では、四箇法要部分が終了したあとの入調舞として数多くの舞楽が演じられたのですが、その中の〈太平楽〉が終了した後は、法要部分は終わったとして関係者には自由行動が認められていました。そして、入調の舞の最後となるこの〈陪臚〉が始まると、法要の最後の還御の行列を組むために関係者全員が再び参集したそうです。

住吉大社「卯葉神事」にて

# 三　入調の舞

入調《にゅうじょう》というのは、法要が終わった後に、参詣者がともに楽しむ部分をさしていう言葉です。かつては、四天王寺の聖霊会では、この入調の部分で十八曲もの舞楽が舞われていましたが、現在では一曲のみが舞われることになっています。一曲だけとはいえ、この部分では、見所の多い「走舞」が、毎年レパートリーを入れ替えながら演じられることが基本となっています。ところが、長時間にわたる聖霊会法要の最後のこの時間帯になると、石舞台の周辺にもずいぶんと人が少なくなってしまうのは、残念なことです。たしかに、まだ夕方になると風が冷たく感じられる季節ですが、ぜひ最後までお残りいただき、入調の舞も楽しんでいただきたいものです。以下では、現在では、入調の舞として舞われることの多い「走舞」を中心に解説します。

## 1 左方の舞

### (1) 散手　さんじゅ

〈散手破陣楽《さんじゅはじんらく》〉とも呼ばれるように、「破陣楽」、すなわち戦の舞の「武舞」で「走舞」とされています。「破陣楽」という名称が示すように、武将が、戦場において敵を打ち負かす姿を表現した勇壮な舞です。その由来としては、釈尊がお生まれになった時、師子喎王がこの曲を作って舞ったものであるとする説や、また、神功皇后が新羅を攻めた時に、率川《いさがわ》明神が船の舳先で軍勢を指揮した様子を模して作られたものとする説などがあります。

竜甲をかぶり、威厳のある面を着用し、毛縁裲襠《けべりのりょうとう》を身につけ、太刀を佩き、鉾《ほこ》を持って舞う舞人の姿には、勇ましいながらも気品を備えた王の舞としての風格があります。舞人は、従者である番子《ばんこ》を二人従えて登場するのですが、このうちの一人は鉾を舞が始まる前に舞人に渡す役、もう一人は舞の後で舞人から鉾を受け取る役をします。この番子については、正式には六人、通常の場合でも四人で、二人は略式であると、古い時代の雅楽の書物には記されています。

かつての天王寺楽所は、東儀《とうぎ》・薗《その》・岡《おか》・

林《はやし》の四家から構成され、それぞれの家が雅楽の楽と舞とを分担して担当していました。江戸時代には、舞楽については、東儀家と林家の両家が主たる担当楽家となっており、薗家と岡家は、舞楽の伝承者としては次第に影が薄くなっていく感じがあります。そうした状況の中で、この散手の舞は、天王寺楽所の中では岡家だけに伝承された、岡家にとっては唯一の貴重な「家の舞」でした。

番舞は〈貴徳〉

## (2) 陵王

りょうおう

〈陵王〉は、舞人が舞台狭しとばかりに激しく動く「走舞《はしりまい》」を代表する舞です。左方の赤の装束に毛縁《けべりの》裲襠《りょうとう》をつけ、金色に輝く龍のついた面を着して勇壮に舞う様子は、この舞にまつわる逸話を彷彿とさせるものがあります。そのお話とは、古代中国北斉の蘭陵王長恭《らんりょうおうちょうきょう》は、才知武勇に富むうえに、容貌も非常に美しかったので、いざ戦となっても、長恭の兵士たちは戦いを忘れ、その姿に見とれるばかりでした。そこで、長恭は、この舞に用いられるような恐ろしい形相の面をつけて戦いに望み、勝利を収めることができたというものです。その勇敢な有様を舞にしたものが、この〈陵王〉の舞であるといわれています。したがって、この舞を、〈蘭陵王《らりょうおう》〉（「らんりょうおう」とも）とする場合もあります。

また、別のお話に、戦の最中に父王が没し、その後を継いだ太子が、戦のなお止まないことを父王の陵墓に向かって嘆いていると、その父王の魂が、すでに暮れようとしていた太陽を招き返したので、再び蒼天となった。それゆえに、太子はその戦に勝利をおさめることができたというものがあります。ここから、〈陵王〉には、〈没日還午楽〉という別称があります。

日本には、どのようにして、この〈陵王〉が伝えられたのかは、実は明らかではありません。しかし、この舞は、非常によく知られたものであったらしく、日本に伝わってからの〈陵王〉にまつわるいくつかのお話も伝わっています。その一つを紹介しましょう。一一五五年の冬のこと、ある貴族が内裏より退出する道中、あまりに月が美しいので、牛車にのったまま〈陵王〉の曲の旋律を笛で吹いていました。すると、どこからともなく〈陵王〉の舞装束をまとった小人が現れ、牛車の前で、その笛に合わせて舞を舞うのです。そして、舞を終えると道の傍らにあった社《やしろ》の中へと戻っていったというものです。優れた音楽の演奏が、神仏の心を動かしたので、神がその姿をお顕しになったという例なのでしょうか。

番舞は〈納曽利〉

## (3)還城楽 げんじょうらく

〈還城楽〉を、舞楽として演奏する場合には、左方と右方の両様があります。四天王寺では、これと番になる〈抜頭《ばとう》〉を右方の舞とするために、〈還城楽〉を左方の舞としています。伴奏の楽は、「夜多羅拍子《やたらひょうし》」という、これも四天王寺に独特のリズムで演奏されます。

この舞については、唐の玄宗皇帝《げんそうこうてい》が戦に勝利し、宮城に戻る様子を演じるものという説もあるのですが、これとまったく異なるもので、西域の人が好物の蛇を見つけ、喜ぶ姿を模した舞であるという説もあります。

実際、〈還城楽〉では、木製のとぐろを巻いた蛇が用いられますし、また、〈見蛇楽〉という異名もあります。四天王寺で用いられる蛇は、なぜか耳のあるとぼけた表情をしていますが、そのとぼけた雰囲気のある蛇を、舞人がわしづかみにして、舞う振りもありますから、たしかに、後の説のほうが、この舞の由来としてはふさわしい印象があります。この〈還城楽〉を、子供が舞う場合には、蛇ではリアルすぎるということで、紙やススキなどの草花で輪を作って、この蛇の代わりとします。

〈還城楽〉のような「走舞」は、多くが「家の舞」として、古い時代では、一子相伝とされてきました。したがって、次の世代に伝えないままに、伝承者が亡くなると断絶してしまうということもあったのです。

天王寺楽人ではないのですが、古い時代の楽人で〈還城楽〉の名手であった大神晴遠は、その技を息子に完全に伝えないうちに亡くなってしまいました。それを知った閻魔大王が、「それはいかん」と、三日間の猶予を与えて晴遠をこの世に蘇生させ、この舞を息子に伝えさせたとする伝説めいたお話まで伝わっているのです。

番舞は〈抜頭〉

（4）
# 採桑老

さいそうろう

左舞ですが、この舞の舞人は、定番の赤ではなく、真っ白な装束を着用します。手には鳩杖《はとづえ》を持ち、腰には薬袋《やくたい》をぶら下げて、老人の面をつけます。実は、この舞は、「不吉な舞」として、テレビの恐怖番組に取り上げられたこともあるのです。というのは、この舞を舞った舞人は、程無く亡くなるとする言い伝えがあるとされるからです。

確かに、白い装束がそういうイメージを与えるのかもしれませんが、実際には、この舞はそのような不吉なものではなく、不老長寿の薬を探す様子を舞にしたものです。それゆえに、平安時代には長寿を寿ぐ舞としても舞われていたのですから、昨今の伝承は、眉唾物なのです。

四天王寺でも、江戸時代も中頃までは聖霊会でもしばしば舞われていたようですが、なぜか寛延二（一七四九）年以降、ぱたりと舞われなくなっていました。しかし、〈採桑老〉の舞は、四天王寺の楽人にとっては、非常に大切な舞でした。それは、なぜでしょうか。

十二世紀のはじめのことですが、宮中で舞楽を担当していた京都の多家で〈採桑老〉を伝承していた舞人が息子にこの舞を教える前に亡くなるということがありました。その際には、当時の天皇の命により、四天王寺の楽人が、この舞を多家の跡継ぎに教えたのです。つまり、当時の四天王寺の楽人たちは、身分が低いとされ、宮中への出入りが認められていなかったにも関わらず、その時代の天皇は、四天王寺において、この〈採桑老〉の舞が伝承されているということをご存知だったのです。天王寺楽人たちにとっては、非常な名誉となる出来事でした。

このことは、この時代の天王寺楽所の楽人たちが優れた舞楽の伝承を保っていたということを示す出来事の一つだといえるでしょう。そのような〈採桑老〉の舞ですから、四天王寺においても重要な舞とされて伝統が大切に守られていたはずなのですが、十八世紀の半ばになって、聖霊会でも舞われなくなってしまった理由は分かりません。

なお、この舞の中で、「鼻をかむ」様子を表現する舞の振りがありますが、それは、本来はなかったもので、古い時代に四天王寺の楽人が新たに振り付けたのであろうといわれています。

番舞は〈新靺鞨〉

## (5)

# 蘇莫者

そまくしゃ

長い髪の付いた面を着し、〈蘇莫者〉専用の装束の一番上に小さな蓑《みの》まで付けた舞人が一人で舞います。この曲の由来としては、よく似たお話が二種類伝わっています。

そのひとつは、役の行者が、大峯山を下りながら笛を吹いておられたが、山の神がその笛の音に惹き込まれ、ついついこれに合わせて舞を舞うありさまを、役の行者に見られ、舌を出した様子を舞楽にしたものであるとしています。

もうひとつは、聖徳太子が、河内国にある亀瀬《かめのせ》（大和川の浅瀬）を馬で渡りながら吹かれた尺八（これは邦楽で使われる尺八ではなく、古代の雅楽に用いられた縦笛）の音色に、信貴山の神が感動して猿の姿で太子の前に現れて舞を舞った様子を模した舞であるという説です。

四天王寺では後者の説に従い、この舞を演ずる際には、先ず、聖徳太子の役をつとめる龍笛《りゅうてき》の音頭《おんどう》（トップ奏者）が、聖徳太子の扮装をして登場します。この奏者は、聖霊会では石舞台の右方階段の下に立ちます。そして、「蘇莫者序《そまくしゃのじょ》」というこの曲の始めの龍笛独奏部分の演奏を始めます。かつては、聖徳太子ゆかりとされる「京不見《きょうみずの》御笛《おふえ》」がその演奏に用いられたのですが、現在は、演奏者の自前の楽器を用います。すると、その笛の音に導かれるようにして、舞人が登場してきます。

蓑は、一般には雨具として知られていますが、日本文化の中では、「人ならぬもの」＝神などが着用する装束の一つとして意識されてきましたので、そういう意味でも、この舞人が神の姿を模した存在であることがうかがわれます。そのためか、舞台にあがった舞人の動きも、たとえば、背を屈めながら小走りに細かく動く、小さく飛び跳ねるなど、通常の舞楽の舞の動きとはずいぶんと異なる舞い振りとなっています。

〈蘇莫者〉の舞は、「夜多羅拍子《やたらびょうし》」を用いる天王寺楽所独特の舞として、薗家の秘舞とされていました。そのため、一時廃絶した時期もあったのですが、江戸時代の天保元（一八三〇）年に再興された後は、〈八仙〉を番舞として聖霊会で必ず舞われる舞のひとつとなっていました。

番舞は〈八仙〉

# 2 右方の舞

## (1) 貴徳　きとく

面、牟子《むし》、別甲《べつかぶと》に太刀を佩き、毛縁裲襠の別装束を用いる一人舞の「武舞」です。古くは、子どもが舞う「童舞」で舞われたこともあります。子供が舞う場合も、大人と同じ装束を、子供サイズに仕立てたものを着用します。舞人は鉾を持って舞うのですが、その鉾は、番子《ばんこ》という役の者がこれを持って舞台の下まで舞人に従い、舞台の下で舞人に渡します。舞が終わると、番子は、鉾を舞人より再び受け取るという作法があります。

この曲には、〈帰徳候〉ともいう別名があるのですが、それは、この舞が、紀元前三世紀から五世紀にかけて中国を脅かした北方の遊牧民族であった匈奴《きょうど》の日逐王が、紀元前六十年頃に漢に服従した際に、帰徳候として迎えられたという故事によるものであるからとされています。

四天王寺においては、左方の〈散手《さんじゅ》〉の番舞として、江戸時代末までの聖霊会では、法要終了後の入調の中で必ず舞われた舞でした。天王寺楽所の一家である林《はやし》家のお家芸の舞のようにして舞われていたのですが、享保年間（一七一六〜）に、天王寺楽所において林家同様に右舞を担当した東儀《とうぎ》家から、自分たちにもこの舞を舞う権利があるはずだという要求が出されました。

というのは、当時、宮中で舞が演じられる際には、東儀家の舞人も林家に代わって、〈貴徳〉の舞人としての指名を受けることがあったからです。四天王寺の聖霊会において、〈貴徳〉を舞う権利が林家と東儀家のどちらにあるのかということについては、しばらく両家で揉めていたようですが、結局は、もとの通り「貴徳は林家の舞」ということに落ち着き、江戸末期までその伝統が守られました。このように、四天王寺における雅楽や舞楽の演奏を担ってきた天王寺楽人たちが、「家のプライド」をかけて守り抜いた伝統の舞の多くは、現在でも聖霊会の入調の舞として舞われることで、その生命を保ち続けています。

番舞は〈散手〉

経供養にて

## (2) 納曽利《そなり》

通常は、二人舞の場合を〈納曽利〉、一人舞の場合は〈落蹲《らくそん》〉と呼びます。しかし、四天王寺では、この区別を付けず、いずれの場合も〈納曽利〉とし、また〈納蘇利〉の字を使うことも多かったようです。もっとも、『枕草子』には、「らくそんは二人して」とありますし、現在でも、奈良では、二人舞の場合を〈落蹲〉、一人の場合を〈納曽利〉というなど、その区別の方法は、いろいろあるようです。

さて、この舞を二人で舞う場合は、〈双龍舞〉と称することもありますが、これは、この舞が、雌雄の竜が楽しげに遊ぶ様子を演じるものであるとされるからです。この舞も、子供が舞う「童舞」として演じられることもあります。なお、宮中行事の中で、たとえば、相撲や競馬などの左右に分かれての勝負事が行われる場合には、左方が勝利すれば〈陵王〉を、右方が勝利すれば〈納曽利〉を演じました。

面に裲襠装束をつける〈納曽利〉の舞は、その番である〈陵王〉とともに、江戸時代までの四天王寺の舞楽法要では、いわば定番の舞でした。しかし、すでに述べたように、聖霊会以外の舞楽法要では、特別な装束が必要なこの舞は、しばしば舞を演じることはせず、その音楽だけを演奏するという略式の演奏法がとられていました。

そのためでしょうか、聖霊会では、この舞は必ず舞われたのですが、今度は、誰が、つまり、どの家の楽人がこの舞を舞う正当な権利を持っているのかをめぐって、天王寺楽所の楽人の中で揉め事となった記録が残されています。

このように、江戸時代の聖霊会の入調では定番の舞であったがゆえに、江戸時代では延々と続いた入調の部分でこの〈納曽利〉の舞が始まると、あとどれ程の時間、舞楽が続くのかという問い合わせが、四天王寺の側から楽所へ寄越されることになっていました。その折の回答に示された予想終了時刻までは、楽人以外は自由行動をとってもよいとされていたからです。もちろん、儀式進行上、法要の最後には、諸役は全員が揃う必要がありましたので、〈陪臚〉が始まると全員がそれぞれの持ち場に戻ってきましたが。

また、入調舞については、法要の進行が遅れ気味だと判断されると、いくつか省略するという配慮がなされ、その時の状況に応じて、二曲ないしは四曲、あるいは六曲の舞楽を省略していました。しかし、この場合も「家の舞」である「走舞」は、原則として省略しない、という暗黙の了解があったようです。

番舞は〈陵王〉

篝の舞楽にて

## (3) 抜頭《ばとう》

この舞は一人舞の「走舞」で左方唐楽の舞とされるのですが、表演方式としては、左方として舞う場合と、右方として舞う場合の両方があります。四天王寺では、右方の舞として舞われています。そして、このことが、古い時代の四天王寺では、もめごとの原因となったことがあります。

ひとつには、この舞が伝承を重んじる一人舞であるために、一体だれがその正統な舞を伝えているのかということが争点となり、楽家の間で、当方こそが正しい伝承者だと主張しあうことがありました。さらには、この舞は右方の舞として舞われるのに、音楽は左方の管方が演奏するという変則的な演奏形式を取っていたために、左方と右方との楽人が対立するようなことがあれば、舞う側の右方の楽人たちが舞いたいとしても、「でも伴奏音楽は演奏してやらないから」と左方の楽人たちがストライキを起すという事態に陥ることがあったのです。

こうしたことから、聖霊会で〈抜頭〉を演じるに際しては、ひとつのしきたりが生まれました。それを、小野摂龍師の文により紹介しましょう。

「〈抜頭〉の舞人は、松明を先導に家紋付提灯を従え、まず右方の楽舎を出て左方楽舎前に赴き、左方の大太鼓を一めぐりして左方の楽舎に敬意を表して後、左方の階段を舞台に上り舞う。終わって右方階段を降りて右方楽舎に戻る」（『天王寺舞楽』講談社、一九七八年より）というものです。左方の階段を上るのは、原則として左舞の作法ですから、右舞としては異例の舞台への上り方です。

さて、この舞の内容は、唐の后が嫉妬して鬼となった姿をあらわしたものであるとか、あるいは、西域に由来する舞で、猛獣に噛まれて亡くなった胡人の息子が、その獣を探し出してこれを殺した後に、復讐を遂げて喜んでいるさまを表現する舞であるとも伝えられています。いずれにしても、物騒な伝承を持つ舞です。

舞人は、こうしたお話の内容を髣髴とさせるような、髪を振り乱した状態で眉のつりあがった赤い面を着用し、牟子《むし》をかぶります。これらに、毛縁裲襠装束を着用し、右手に桴《ばち》を持ちながら舞う姿は、いずれの逸話をあてはめても、さもありなんと思わせるものがあります。

番舞は〈還城楽〉

雨儀、つまり雨天のために傘をさしかけての舞となっているので右側に傘を持つ人の手が写っている

以下では、近年においても聖霊会で舞われたことがあるものの、その上演が稀なためになかなか鑑賞する機会に恵まれない舞楽、〈胡徳楽〉・〈安摩〉・〈二舞〉をご紹介します。〈胡徳楽〉・〈二舞〉は、舞楽としては例外的に物語性のあるおもしろい舞となっています。

# 胡徳楽

ことくらく

①『舞楽図巻』（四天王寺所蔵）より。この絵では、雑面を付ける主人役も左方の襲装束の上着にあたる袍は着用していない。

〈胡徳楽〉は、舞楽としてはめずらしくパントマイム的な雰囲気をただよわせる舞です。この舞では、意味のある具体的な動きが演技のように舞われるだけでなく、その内容が古今変わらぬ酒宴の席での酔っ払いの有様を表現するものであるために、非常に楽しく鑑賞できる舞となっています。

舞人六人のうち、四人は客人であり、主人から酒を振る舞われます。客人役の舞人は、襲装束を着用していますが、上着である袍は着用しません。すでに、お酒が入って寛いでいるという表現でしょうか。そして、酒に酔ってしまったかのような赤い面を付けています。この面には、長い鼻がついていて、四人のうち三人の面では、これがいかにも満足気に動くようになっている（写真⑤）のですが、ひとりだけは、動かなくなっていて、それが、あたかもお酒が飲み足りず不満だとでもいうような雰囲気を漂わせます。それでも、そのうちに酔いがまわったのか、この四名のお客は、輪にな

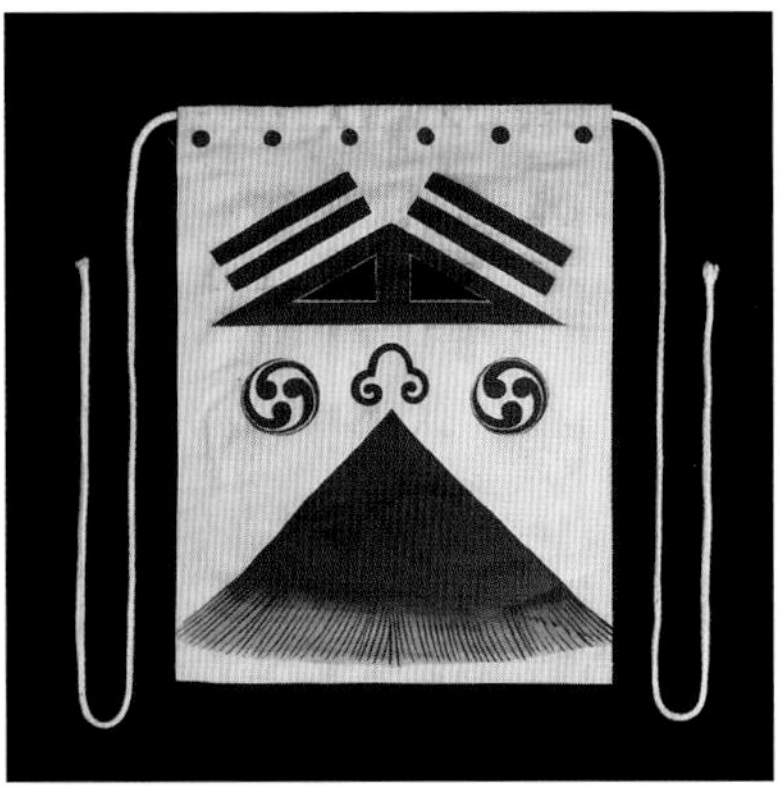

②主人役の勧盃が着用する雑面。雑面は、他に、〈蘇利古〉・〈安摩〉でも用いられる。

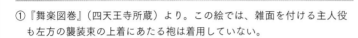

って踊り始めます。

　一方の接待役は、ひとりが「勧盃《けんぱい》」と呼ばれる主人、もうひとりはその従者の「瓶《へい》子取《じとり》」です。四天王寺の古い記録では、四人の客人が右方の舞人であるのに対し、このふたりは左方の舞人が勤めています。主人役は、左方の襲装束《かさねしょうぞく》に赤い袍《ほう》を着用し、面白い形をした唐冠《とうかん》に雑面《ぞうめん》をつけます（写真②）。従者は、右方の襲装束を着するのですが、やはり袍は着ないで、〈二舞《にのまい》〉で用いられる笑面（写真③）をつけて、にこにこと愛想よく客人に酌をします。

③瓶子取が付ける面。〈二舞〉の咲面でもある。

　ところが、この「瓶子取」、大の酒好きらしく、客人に酌をする合間に自分も独酌でしこたま飲んでしまったとみえ、随分と酔ってしまいます。なので、客人の面の鼻を動かしてみるという無作法に及んだうえに、客人の退出した後に舞台を最後に降りるときには、千鳥足で危なっかしく降りていき、その際に、酔いにまかせて、手にした盃を放り投げるという振る舞いに及びます。四天王寺では、こうした酔っ払いの動きを、一層リアルに演じるとされています。聖霊会で〈胡徳楽〉が舞われる時には、盃は六時堂前の蓮池に投げ込まれることになっていました。ですから、その年の聖霊会で〈胡徳楽〉が舞われるとなると、この舞のための盃を四天王寺の側で、その都度新しく用意していたようです。

　このような滑稽な要素を含む〈胡徳楽〉は、現在では聖霊会の舞台に上ることはあまりありませんが、天王寺楽所雅亮会のレパートリーとしては、伝承されています。ぜひまた、盃が、今では亀の池となってしまった蓮池ですが、この池の中へと放り込まれる様子を拝見したいものです。

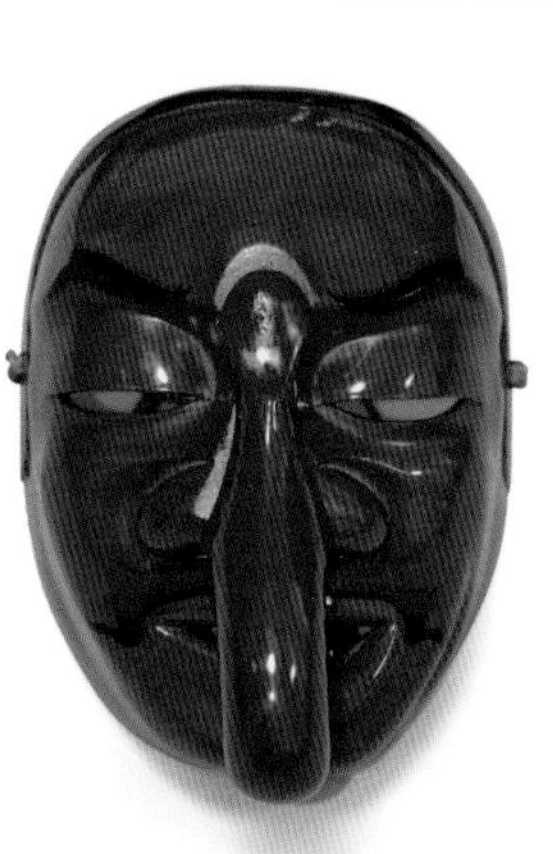
④客人の面で、これは口を開けた面。鼻が動くようになっている。

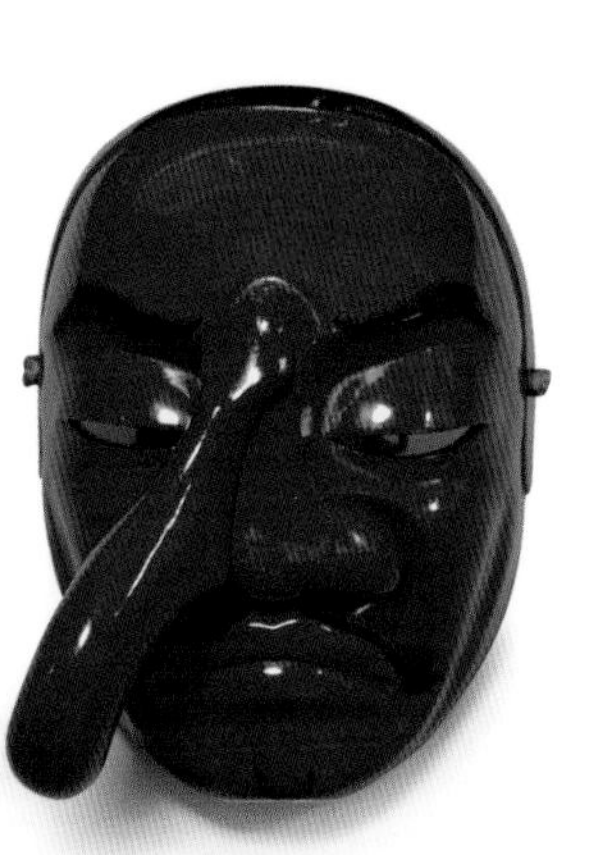
⑤客人の面の口を閉じた面。これも鼻が動く。

# 安摩・二舞

あま・にのまい

『舞楽図巻』より（四天王寺蔵）

　安摩では、二人の舞人が、かなり速いリズムに合わせて敏捷な動きで飛び跳ねるように行き違い、また向き合いながら舞います。舞人は左方の襲装束を着用しますが、左右の袖を袒《ぬ》ぐ「諸肩袒《もろかたぬぎ》」という着装をしています。ですから、上半身は、半臂《はんぴ》と下《した》襲《がさね》のみを着用した状態になります。冠と巻《けん》纓《えい》（「まきえい」とも）、緌《おいかけ》を付け、雑面《ぞうめん》をかぶり、右手に笏《しゃく》を持ちます。

　この曲は、『教訓抄』（鎌倉時代の楽書・一二三三年成立）に、「陰陽地鎮曲」とも記されていて、かつては、この舞の内にある「囀《さえずり》」と呼ばれる伴奏の音楽なしに舞人が舞う部分で、舞人が囀詞（歌詞のようなもの）を唱えたといいます。もともとは、天竺《てんじく》（インド）の音楽で、どのようにして日本に伝来したのかは、明らかではないようです。古い記録としては、承和天皇（在位八三三～八五〇）の時代に大戸清上《おおとのきよかみ》が勅命をうけてこの曲の旋律を改めたとするものがあります。

〈安摩〉の番舞は、〈二舞《にのまい》〉とされ、一般的には、〈安摩・二舞〉と呼んでこれをひとつの曲のように扱っていますが、四天王寺においては、〈安摩〉を独立した曲として扱い、まれに、同じく雑面を着用する〈蘇利古《そりこ》〉をペアの曲とすることもありました。ただし、聖霊会においては、〈蘇利古〉が「聖徳太子お目覚めの舞」として法要部分の重要な役目を担っていたために、このふたつが「番舞」として組み合わされることはなく、それぞれが独立して舞われていました。この〈安摩〉は、四箇法要終了後の入調部分の開始を告げる舞として、入調の始めに必ず舞われる舞でした。

なお、現在でも四天王寺においては、〈二舞〉が舞われることは殆どありません。江戸時代末にも、四天王寺の側では、これを再興しようとした時があったようですが、身分が低いものが舞う舞とされた〈二舞〉を楽人側が演じることを嫌がったために、天王寺楽所のレパートリーとして固定することはなかったようです。

その〈二舞〉では、〈安摩〉の舞を真似しようとする笑い顔の咲面《えみめん》の翁、泣きべそをかいたような腫面《はれめん》の媼《おうな》が、〈安摩〉の舞人と入れ替わりに舞台に登場して舞い始めます。しかし、動きの激しい〈安摩〉の舞を真似るには、二人はあまりに高齢です。気持ちは逸るものの、手は震え、足は動きません。なので、途中で諦めてしまうという様子、まさに、「二の舞を踏む」という様子を舞うというよりも演じるもので、〈胡徳楽〉に同じく、舞楽の中では珍しくストーリー性のあるものとなっています。

〈安摩〉

〈二舞〉は、近年、雅亮会によって演じられることがありましたが、その後も聖霊会の舞台では演じられることがない舞となっています。〈二舞〉は、四天王寺では演じられる機会の少ない舞であったためか、「咲面」については、鎌倉時代のものとされる古い面があるものの、これはもっぱら〈胡徳楽〉の瓶子取（お酒を注ぐ役）の面として用いられていたらしく、その対となる「腫面」は所蔵されていませんでした。近年、この「腫面」も製作されて、現在では双方の面が揃っています。

〈二舞〉の咲面

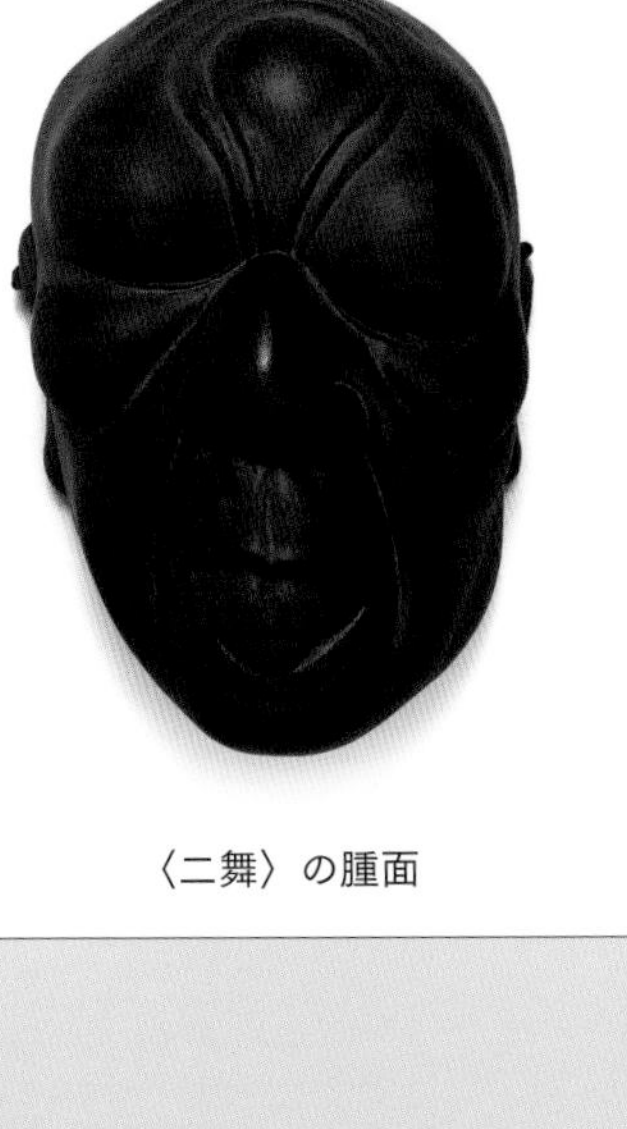
〈二舞〉の腫面

# 四　現在では舞われていない舞楽

かつては、聖霊会で奉納されることがあった舞楽であっても、現在では舞われなくなってしまった舞楽もあります。それらを、四天王寺が所蔵する『舞楽図巻』から紹介しましょう。

## (1) 新靺鞨　しんまか

右方高麗楽の舞ですが、『教訓抄《きょうくんしょう》』（鎌倉時代成立の雅楽書）には、靺鞨国《まっかつこく》という中国北方にあったツングース族の国から伝わった楽曲であるとしています。そうなると、本来は高麗楽《こまがく》、つまり、朝鮮半島にあった国々から伝わった音楽として分類できないものだ、とされています。

しかし、同時に、この〈新靺鞨〉の舞については、一〇七七年の法勝寺での落慶法要の時に白河天皇（在位一〇七二～一〇八六）が藤原俊綱に命じて作らせたものであるという説も紹介しています。つまり、この舞の音楽は中国北方地域から日本に伝わったものですが、舞は、一一世紀後半になって日本で作られたものであるというのです。

さて、この舞の舞人装束はずいぶんとユニークです。舞の動きそのものは、一般的な舞である平舞《ひらまい》に準ずるのですが、舞人のうち二人は赤の袍《ほう》、あとの二人は緑の袍を着用します。ただし、この赤と緑という色の違いは舞楽の左方と右方という違いを示すものではなく、赤の袍は五位、緑の袍は六位という身分の違いを示すものです。加えて、頭には唐冠《とうかん》という変わった形の冠を被り、手には笏《しゃく》を持ち、短剣を腰に吊るし、沓《くつ》を履きます。そして、舞人は、通常の場合と異なり、二人ずつが並んで舞台に上がります。

一〇八二年の記録では、この舞は五人で舞われ、舞人のうち一人は紫の袍を着用した王の役割を演じる舞人であったということですが、いつのまにかこの奏演方法は失われたようです。この舞は、渤海の国の人が遠く離れた故国を思う有様を舞にしたものであるともいわれるのですが、この五人舞の場合の演出から推測すると、この舞のもともとの姿は、外国の使節が訪問先の国の支配者のもとに挨拶に訪れる様子を表現した舞であったのかもしれません。

## (2) 蘇合香　そこう

左方唐楽《とうがく》の舞楽で、〈蘇合〉とも呼ばれます。四人もしくは六人舞で、舞人は、襲《かさね》装束《しょうぞく》を諸肩袒《もろかたぬぎ》で着用します。甲《かぶと》は、この舞に専用の甲で、その形状から「菖蒲甲」と呼ばれます。これは、菖蒲によく似た薬草である「蘇合香」をかたどった甲ですので、この舞は、この薬草に因む舞であるとされます。

この蘇合香とは、天竺《てんじく》（現在のインド）の阿育王《アショカ》が病になられた時に、これを服用しなければ、その病は治らないとされた薬草です。そこで、家臣が探したものの、なかなかに貴重な薬草であるために簡単には見つからず、一週間も探してやっと手に入れ、王の病を癒すことができたのです。王は病気が治ったことを喜び、この曲を作られ、舞は、育偈という人に作らせたのです。この育偈が、その時に、蘇合香を甲にして舞ったという故事により、この薬草の名前が曲の名前になったとされています。

他説には、この舞は蘇合国の音楽で、この国では、さまざまな香草を煎じた汁のことを「蘇合香」と呼んだことに由来するものとして、桓武天皇（在位七八一～八〇六）の時代に遣唐使であった和邇部嶋継《わにべのしまつぐ》が伝えたとするものがあります。いずれにしても、薬草に関わる故事来歴を持つ舞です。

さて、この舞は、全曲を通して演奏すれば三時間ほどもかかるといわれる大曲です。四天王寺には、この舞の甲が伝来するのですが、〈蘇合香〉が舞われたという記録は、江戸時代以降では見当たらないのです。仏教法要の中での演奏を主たる任務とする天王寺楽所においては、これほどに大規模な曲を演奏する機会には恵まれなかったということが、この曲が四天王寺において演奏されなかった一番の理由でしょう。

## (3) 地久

ちきゅう

（一四六頁以降も参照）

右方高麗楽の舞楽で、四人の舞人は、襲《かさね》装束《しょうぞく》に面をつけ、独特の甲を着用します。

〈地久〉の舞の音楽は、平安貴族が好んだ声楽曲である催馬楽のメロディーにもなっていて、〈地久〉の音楽の前半部分が、催馬楽「桜人」という曲になり、後半部分が「蓑山」という曲になっているとされています。

　そこで、次のようなお話があるのです。ある春の早朝、藤原公任《きんとう》という身分の高い貴族が、宮中の紫宸殿の桜が盛りであるのを見て、紫宸殿の高欄に寄り掛かりながら催馬楽の「桜人」を歌われたところ、ちょうどその日の宮中の宿直にあたっていた多家の楽人がその声を聞きつけて、その美しい桜の木の下で〈地久〉の前半部分を舞ったのです。続いて、公任が「蓑山」を歌い出すと、その楽人は、その歌声に応じて、〈地久〉の舞の後半部分を舞ったとそうです。

　一五一二年に出来上がった雅楽の理論書である『体源抄』には、この情景を評して「いみじくやさしかりける事也」とありますが、平安貴族の理想とされた音楽に関する教養と実践の技に恵まれた公任と、それに当意即妙に応え、桜の花びらがはらはらと降りかかる中、朝の柔らかい陽の光のもとで舞を舞った楽人の機転、あたかも一幅の絵を見るようなお話です。

　さて、〈地久〉の舞は、四天王寺においては、多くの場合は、〈賀殿〉と番《つがい》とされ、聖霊会の定番の舞楽として舞われてきました。しかしながら、この〈賀殿・地久〉の番は、天候の都合や、法要次第に手間取り定刻よりも行事の進行が遅れ気味などの理由で、いくつか舞楽を省かなければならなくなった場合には、なぜか一番に省略されてしまう番舞でもあったのです。

## (4) 万秋楽

まんじゅらく

左方唐楽の曲で、舞人は別甲に、襲装束を諸肩袒《もろかたぬぎ》で着用します。四人または六人舞ですが、四天王寺では、現在では舞われることはありません。古い記録を見ても、江戸時代以降は、ほとんど舞われることがなかったようです。

　この曲には、〈慈尊万秋楽〉、〈唱歌万秋楽〉、あるいは〈慈尊来迎楽〉などの多くの別名があり、それぞれの名称によって演奏法が異なったといわれるのですが、いずれも現在には伝わらず、現行の演奏法は一種類のみとなっています。

一二三三年にまとめられた雅楽の専門書である『教訓抄』の編者狛近真《こまのちかざね》は、「この曲は仏世界の曲」であると述べ、同時に、この曲に関するさまざまな伝説を紹介していますが、それらはいずれも仏の世界にかかわるお話です。たとえば、二人の僧侶が、観音菩薩と地蔵菩薩を熱心に一週間拝み続けた後、八日目の早朝になって、この音楽が聞こえてきたが、その時の状況からしてこれは極楽浄土・天上世界の音楽に違いないというお話や、堀川の左大臣源俊房や実忠和尚という人たちは亡くなるときにこの音楽を聴いて極楽往生したなどというお話が記されています。雅楽の響きを極楽世界の音楽と同じものと考え、音楽の演奏を極楽浄土への道につながる行為と理解した時代に生きた人々ならではの考え方です。

しかし、同時に、「この舞を演奏するときには、舞人も楽人も、心を澄ませて、天上世界の音楽はこのようなものであろうかと想像しつつ演奏すべきで、荒々しい気持ちのままで演奏するようなことがあってはならない」と述べる狛近真の言葉は、現在の音楽演奏家にとっても傾聴すべき重みを持っているといえましょう。

## (5) 胡飲酒　こんじゅ

その曲名のとおり、胡国の人が酔って舞を舞う様子を演じたものであるといわれます。とはいえ、承和年間（八三四〜四八）に、舞は大戸真縄、楽は大戸清上が作るという説もありますので、日本で作曲・作舞された曲ともいえます。京都では、多家の舞とされ、〈採桑老〉に同じく、その伝承者である多資忠が殺害された一一〇〇年には、その伝承が途絶えてしまったのです。〈採桑老〉については、四天王寺の楽人が多家の跡継ぎにこれを伝え、この〈胡飲酒〉については、その舞を習得していた公家が多家に伝えたのですが、その後、一二〇六年

に再び、これを伝える多家の楽人が殺害され、またまたその伝承が途絶えてしまいます。この時も、この舞を会得していた貴族から多家に復伝されたというのですが、当時の公家の日記には、「万一京都での伝統が失われても、〈胡飲酒〉は、四天王寺に伝えられているから大丈夫」とする記事がありります。四天王寺の舞楽が、都の貴族たちにもいかに高く評価されていたのかがわかります。

## (6) 一曲 いっきょく

〈一曲〉は、〈裹頭楽《かとうらく》〉もしくは〈鳥向楽《ちょうこうらく》〉という左方の曲を伴奏にして舞う二人舞ですが、その舞人は左方と右方の双方から出るので、〈振鉾《えんぶ》〉におなじく左右兼帯の舞楽です。舞人は、鳥甲をかぶり、左右のそれぞれの袍を片肩袒で着用します。左方の舞人は、鶏婁鼓《けいろうこ》を首から吊り、右手に桴《ばち》を持ち、左手にはでんでん太鼓のような振《ふり》鼓《つづみ》を持ってこれを高く掲げて、これらの楽器を打ち鳴らして舞います。右方の舞人は壱鼓《いっこ》を首から懸紐《かけひも》で吊り、右手に持った桴《ばち》でこれを打ちます。

　この舞は、独立した舞楽の曲というよりも道楽用のもので、古い時代の四天王寺においては、常楽会や聖霊会などの大法要の儀式半ばに行われる散華行道の際に、その途中で演じられた舞です。聖霊会の場合、この行道は、法要に参加する僧侶をはじめとする関係者一同が法要の行われる六時堂から、かつてその裏手にあった食堂《じきどう》の後を経て、六時堂前の蓮池（現在は亀池）の周辺をぐるりと回って石舞台の前まで戻ってくるというなかなか大掛かりなものであったのですが、その行道の最後に楽人の指揮者の役割を勤める左方と右方の楽頭《がくとう》が舞人となって舞うものでした。

　舞の手としては、左の舞人は足を踏み出す、足を披《ひら》いて腰を落とすなどの簡単な振りを演じますが、右の舞人は直立したままで壱鼓を打つだけとされていて、舞楽というよりは、法要の儀式の一部としての機能をもつ舞という印象があります。

　四天王寺でも、この〈一曲〉が演奏される場となる散華行道は、現在では経供養会でしか行われず、そこでも〈一曲〉を舞うことも行われなくなっています。したがって、この舞が演奏される機会には滅多に出会えなくなっているのですが、聖霊会の最初の道行、あるいは経供養会の行道での、楽頭姿にその名残は留められているのです（十一頁の写真参照）。

# 舞楽装束と楽器

# 一　舞楽装束について

舞楽を舞う舞人は、それぞれの舞によって定められた舞楽装束を着用します。舞楽装束には、その舞にしか用いることが出来ない装束と、複数の舞に共通して用いられる装束とがあります。また、左舞では赤系統の織糸や染色が、右舞では緑系統の織糸や染色が用いられ、色による左右の区別が、すべての装束において行われています。左舞の中でも紫系統が用いられる場合や右舞でも黄色系統のものが用いられる場合もあり、さらには例外的な色遣いがされる装束もあるのですが、基本的には、赤・紫系統が左舞用、緑・青系統が右舞用と区別されています。

さて、これらの舞楽装束は、襲装束《かさねしょうぞく》・蛮絵装束《ばんえしょうぞく》・裲襠装束《りょうとうしょうぞく》・別様装束《べつようしょうぞく》に分類されるので、これから、この四つの分類にしたがって、舞楽装束に関する基本的な事柄を紹介していくこととしましょう。

## 1　襲装束《かさねしょうぞく》

まずは、舞楽装束のなかでは、最も多くの曲目に用いられ、さらには、舞楽の音楽を演奏する管方の装束としても用いられる襲《かさね》装束を紹介しましょう。一般的な装束という意味で、「常装束《つねしょうぞく》」とも呼ばれる襲装束は、鳥甲《とりかぶと》・袍《ほう》・半臂《はんぴ》・下襲《したがさね》・指《さし》貫《ぬき》・赤大口《あかおおくち》・忘緒《わすれお》・石帯《せきたい》・襪《しとうず》・絲鞋《しかい》・踏掛《ふがけ》の一一点を一揃い、一具とします。鳥甲

左方襲装束

右方襲装束

は頭に被る物、以下石帯までが身に付けるもの、残りの三点が足に履く、あるいは巻き付けるものです。

このうち一番上に着用するが故に、一番目立つ袍《ほう》は、左方は赤、右方は緑の地色に刺繍を施すもので、後ろの部分が長く仕立てられ、その部分を引き摺るようになっています。この袍の下には、ベストのような半臂、その下に、やはり後ろを長くのばした下襲を着用します。袍とあわせ、二重になって後ろに長く引いた部分を裾《きょ》といいますが、この裾は舞の最中も後ろに引きずったままとなり、舞人の動きにつれて、その足元に沿うように動きます。舞楽の曲によっては、袍の片方の肩の部分、あるいは双方の肩の部分をぬいて着用する（片方の方を脱ぐ場合を片肩袒《かたかたぬぎ》、両方の肩を脱ぐ場合を諸肩袒《もろかたぬぎ》という）ことがありますので、その場合は、ぬいた側の上半身は、下襲と半臂を出して舞うことになるわけですが、そのいずれにも美しい刺繍が施されているので、それもまた独特の風情があります。

足元は、指貫の上から脚絆《きゃはん》のような踏掛で足首の部分を縛ります。親指の部分を分けないで、いわばソックス状に縫われた足袋の一種である白い襪《しとうず》の上に、底の部分が皮で、足の甲の部分は糸で編まれた白い絲鞋を履いた足先で、舞を舞いつつ、後ろに長く引いた裾をうまくさばきながら優雅に動く様子は、まさに「平安の雅」を感じさせるものがあります。

## 2 蛮絵装束

蛮絵装束は、もともとは平安時代の近衛の武官の正装であったものが、そのまま舞楽装束となったものです。蛮絵（盤絵と記されることも）というのは、鳥獣や草花などを染め出した、あるいは繍《ぬいとり》をした円形の模様のことをいうもので、舞楽の蛮

右方蛮絵装束

左方蛮絵装束

絵装束の袍には、獅子のような獣が二匹を向かい合わせにして丸く紋のようにデザインされた文様が刺繍されています。古い時代には、刺繍ではなく版画のように摺った墨摺の盤絵もあり、また、左方装束は獅子、右方装束は熊というように、盤絵のモチーフも左右によって違っていたらしいのですが、室町時代ごろより、左右ともに獅子となったとされています。

四天王寺で用いられる蛮絵の袍には、左右の袖の表と裏、胸の部分に上下で六つ、背中から長く後ろにのばされた裾にかけて六つの合計一一の蛮絵が刺繍されますが、その獅子の刺繍のそれぞれに用いられる刺繍糸の色合いは、蛮絵ごとにすべて異なる色調となっています。

蛮絵装束は、巻纓冠《けんえいのかんむり》・蛮絵袍《ばんえのほう》・下襲《したがさね》・表袴《うえのはかま》・赤大口《あかおおくち》・石帯《せきたい》・太刀《たち》・垂平緒《たれひらお》・笏《しゃく》・糸鞋《しかい》などにより構成されます。襲装束の場合と異なり、下襲には刺繍は施されていませんが、やはり後ろに長く引く裾があります。

巻纓冠は、冠の後ろに纓をぐるぐると巻いた状態の冠で、これは、武官のかぶる冠です。文官の場合は、この纓が巻かれないで冠の後ろに垂れています。巻纓冠には、緌《おいかけ》を付けます。これは、馬の尾の毛を小さな扇を広げたようにした飾りであり、冠を着用した際に、左右の耳の辺りにこの飾りが付くので、遠目には頬髯のようにも見えます。冠には、季節の花を飾ります。表袴は、襲装束の袴のように刺繍はほどこされていませんし、また、形が大きく異なり、足首のところで縛る袴ではなく、広く開いたズボン状のものです。

蛮絵袍は、一般には、左方は浅黄（薄い藍色）、右方は黄色の地色が用いられるほか、いく種類かの色目が使われるようで、現在、四天王寺で用いられている蛮絵装束は、左方は紫、右方は黄色の地色のものとなっています。

# 3　裲襠装束

裲襠《りょうとう》というのは、舞楽装束の袍《ほう》の上に重ねて着用する装束のことです。これは、一枚の布の中央部分に頭の入る穴をあけ、ここから頭を出して着用するものですが、このように着用すると、布の半分ずつが身体の胸の部分と背中の部分の両方（裲）に当（襠）たるわけです。このことから、裲襠と称するようになったといわれています。もともとは、上代の武官が、儀式の際に上着の一番上に着用した袖のない衣に由来するものです。

裲襠には、縁の部分を、毛縁《けべり》にしたものと、金襴《きんらん》で縁取ったものの二種類があります。ここではまず、金襴縁の裲襠装束について紹介することとします。

## (1)　金襴縁《きんらんべり》 裲襠《のりょうとう》装束《しょうぞく》

金襴縁の裲襠は、横幅四十センチ足らず、長さ一・七メートルほどの布地を、幅六センチの金襴で縁取りし、中央より前よりに頭が入る穴を開け、その頸の部分を狩衣《かりぎぬ》の襟の部分ように、つまり立ち上がりの少ないスタンドカラーのように、少し立てて縁取っています。着用に際しては、腰帯でしばります。布地の色は、舞によって異なるものが使われます。

この金襴縁の裲襠を用いる舞には、毬杖を手に擬宝珠形の球子を打つ真似をする〈打球楽《たぎゅうらく》〉や、盾を手に持ち、これも四天王寺では左右より舞人が出るというユニークな演出がされる〈陪臚《ばいろ》〉のほかに、埴玉を用いる〈埴破《はんなり》〉と、五色に彩色した船棹を手に、船を漕ぐ様子を舞うとされる〈狛桙《こまぼこ》〉があります。

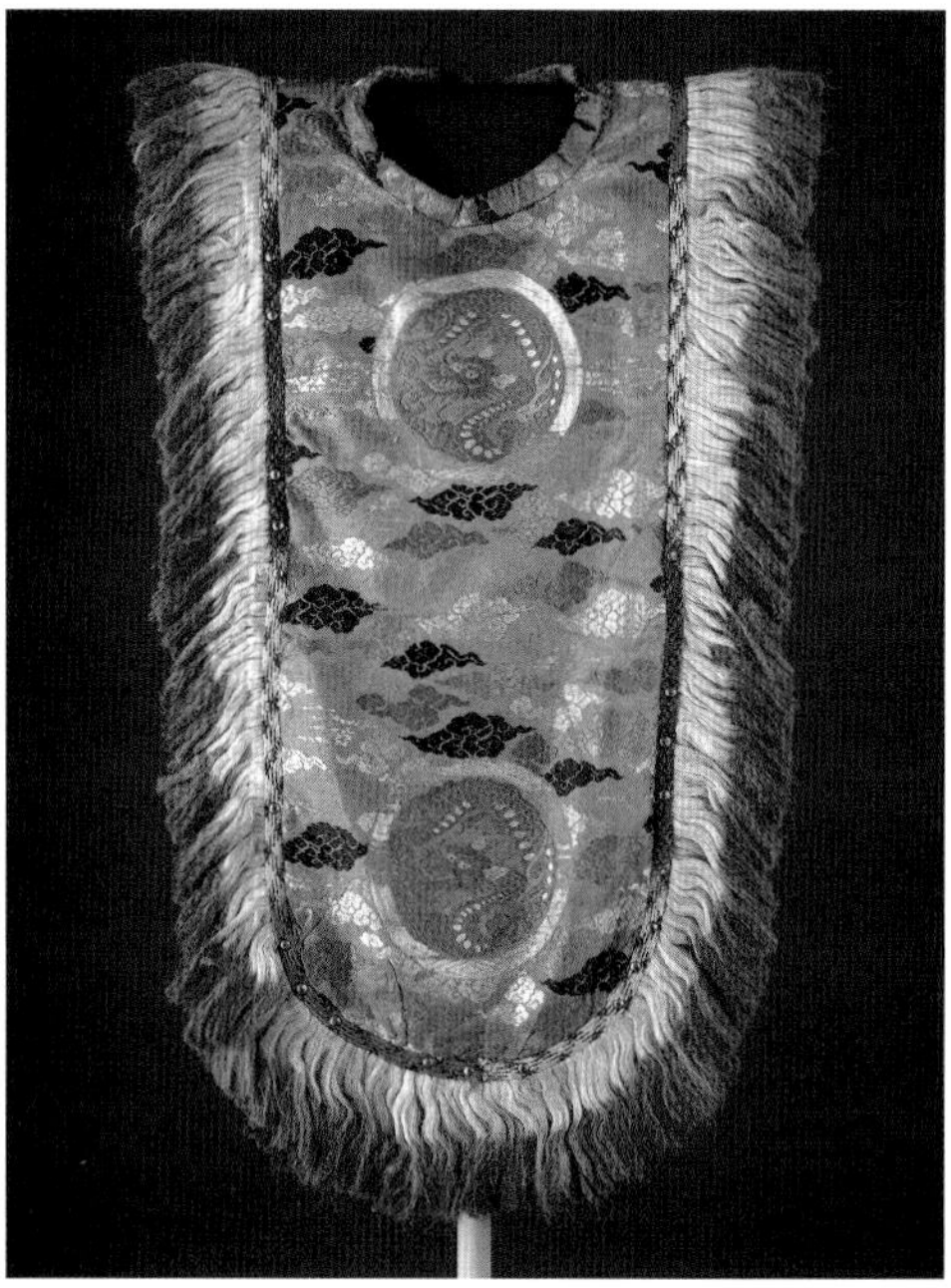

冠は、巻纓の冠をかぶります。〈打球楽〉と〈陪臚〉の舞では、冠の額の縁の部分に紅色の絹をあしらった抹額冠《まっこうのかんむり》を用いるとされるのですが、四天王寺では、抹額冠は用いられず、また、〈陪臚〉では鳥甲が用いられます。かつ、この二つの舞の装束は、冠と甲以外は、同じものを用います。袴は、裾を紐で縛り、少し膨らませ気味で着用する指貫《さしぬき》の袴を着用します。

### (2) 毛縁裲襠装束《けべりのりょうとうしょうぞく》

舞楽の中でも、舞人が、舞台の上をあたかも走るような動きを伴って舞う舞のことを走舞《はしりまい》（走物とも）といいます。舞人は、面を付け、牟子《むし》という頭巾をかぶり、桴《ばち》もしくは鉾《ほこ》を持って舞います。〈陵王《りょうおう》〉をはじめ多くの走舞は一人で舞われますが、〈納曽利《なそり》〉は二人の舞人で舞われます。

さて、この走舞を舞うときに着用される裲襠《りょうとう》は、毛縁裲襠《けべりのりょうとう》です。金襴縁裲襠《きんらんべりのりょうとう》に同じく、袍《ほう》の上に着用する袖なしの貫頭衣スタイルの装束ですが、〈陵王《りょうおう》〉・〈還《げん》城楽《じょうらく》〉・〈散手《さんじゅ》〉・〈抜頭《ばとう》〉・〈蘇莫者《そまくしゃ》〉は赤地、〈納曽利《なそり》〉・〈貴徳《きとく》〉は青地、〈胡飲酒《こんじゅ》〉は白地を基調色とした唐錦織で地紋を織り込んだ周囲に、毛縁《けべり》を施すのでこのように呼ばれます。

毛縁裲襠では、金襴縁裲襠では金襴で縁取りしている部分に、麻糸や絹糸で出来た毛房の一部、あるいは全体を染めたものを付け、裲襠の本体とこの毛縁の境の部分には、平紐を鋲で留めて押さえとします。また、腰帯は唐草のすかし模様をあしらった金具部分を背とし、胴の前でその金属部分の端に付けた緒でしばります。金襴縁裲襠は四隅ともに角が立っているのですが、毛縁の裲襠は、裾が丸くなっているのが特徴です。

裲襠の布の部分には、胸と背の両側の中央に大きく上下二箇所、合計四箇所に丸い紋が施されています。裲襠の地色や織の違いだけでなく、舞によってその上に施される文様も異なっています。また、走舞は、舞それぞれに異なった面を付け、舞人の持ち物も、舞ごとに異なっているので、装束すべてがそれぞれに異なっているように見えますが、裲襠の下に着用する袍などは、同じものです。なお、古い時代には、裲襠は、打懸《うちかけ》と記された例もあり、特にこの毛縁裲襠をさしていう例があるようです。

## 4　別様装束

舞楽装束の中には、他の舞とは共用できない、その舞に独自の装束を着用して舞うものがあり、こうした、特定の舞のための装束を別様装束といいます。

別様装束の中には、〈青海波《せいがいは》〉の装束のように、襲装束とほぼ同じ構成に太刀を佩くという場合もあれば、〈太平楽《たいへいらく》〉のように、独自の武具を多く着用するものなど、また、童舞の〈迦陵頻《かりょうびん》〉・〈胡蝶《こちょう》〉の装束のように、それぞれに鳥と蝶をイメージしたものなど、さまざまなパターンの装束があります。

〈青海波〉の装束は、形は襲装束にほぼ同じであっても、織りや装束に施された刺繍、装束の色合いなどは、全く独自のもので、通常の襲装束とは比べ物にならないほどに豪華なものとなっています。袍には、七十五羽の千鳥がすべてに向きが違うように刺繍されているほか、この舞の装束では、下襲から石帯の金具や太刀の飾りにいたるまで、すべてに青海波の波頭が重なり合った模様が付けられています。ただし、この舞は四天王寺では舞われることがありません。

〈林歌《りんが》〉と〈八仙《はっせん》〉の装束は、別様装束の中でも、独特の短い袍です。その裾と袖

『舞楽図鑑』（四天王寺所蔵）より

口には、ともに、金襴の縁取りが施されています。ともに右方の舞ですが、右方装束の基調色である緑は使われておらず、〈林歌〉では袍に金糸・銀糸の鼠、〈八仙〉では鯉が刺繍され、〈八仙〉の袍には、上に網がかけられています。また、〈八仙〉の袍は、両脇が縫い合わされた筒袖の短い袍で、これを、すっぽりと、あたかも大きなサイズのTシャツを着るように着用するユニークなものとなっています。

舞楽装束の中でもっとも着用に時間がかかるのは、〈太平楽〉の装束です。〈太平楽〉の舞は、中国風の鎧兜に身を固めた舞人が、「朝小子《ちょうこし》」・「武昌楽《ぶしょうらく》」・「合歓塩《がっかんえん》」という三曲を続けて、約五十分という長時間にわたり、鉾《ほこ》や太刀《たち》を手にして舞うものです。舞楽の中では、この〈太平楽〉以外にも、一人舞の〈散手《さんじゅ》〉や〈貴徳《きとく》〉のように、舞人が鉾を手にし、太刀を刷《は》いて舞う舞がありますし、また、〈太平楽〉におなじく武舞とされる〈陪臚《ばいろ》〉では、鉾と太刀にあわせて盾《たて》まで手にします。

この中で、舞の途中で太刀を抜くのは、〈太平楽〉と〈陪臚〉のみですが、鉾を持つ〈振鉾《えんぶ》〉にしろ、太刀を刷く〈青海波〉なども含め、舞具として、鉾と太刀を身に付ける舞楽は少なくはありません。ただ、これらの舞の装束と、この〈太平楽〉の装束の大きな違いは、〈太平楽〉は、この舞に独自の、きらきらと光る唐風の甲冑や脛当《すねあて》などを着用することです。そのために、〈太平楽〉の装束は、他の舞楽装束とは全く異なる雰囲気を醸し出しています。

舞人の左腰には、太刀に加え、魚袋《ぎょたい》という中国の宮廷に出入りする際に必要とされた身分証明書である魚符《ぎょふ》を入れる袋を付けます（魚袋は、弓を入れる袋であるという説もあります）。両肩には龍頭とも獅子頭ともいわれる獣の形をした肩喰《かたくい》をつけ、腹部には、甲冑を締める平緒の結び目の部分に、不思議な生き物の顔を模った帯喰《おびくい》をつけます。この肩喰と帯喰は、四人の舞人のそれぞれに異なった形となっているのです。さらに、鎧の上、首の周りには肩当《かたあて》、両手首の部分には篭手《こて》を付けます。その上に、美しく装飾された太刀なども、すべて紐をもって、舞人の身体に付けますから、装束着用にあたっては、紐を結ぶ箇所が五十箇所以上にのぼり、着用するだけでかなりの時間を要する上に、装束全体の重さもかなりのものとなります。このように、舞人は、舞台に上がる前の準備から大変な上に、この装束を着用して、舞台の上で一時間近く舞い続けるのです。

〈太平楽〉の舞人は、背中に胡籙《やなぐい》を背負いますが、この中に入っている矢は、上下を逆に入れることによって、戦闘時のためのものではなく、平和を願う象徴としているといわれています。（次頁写真）

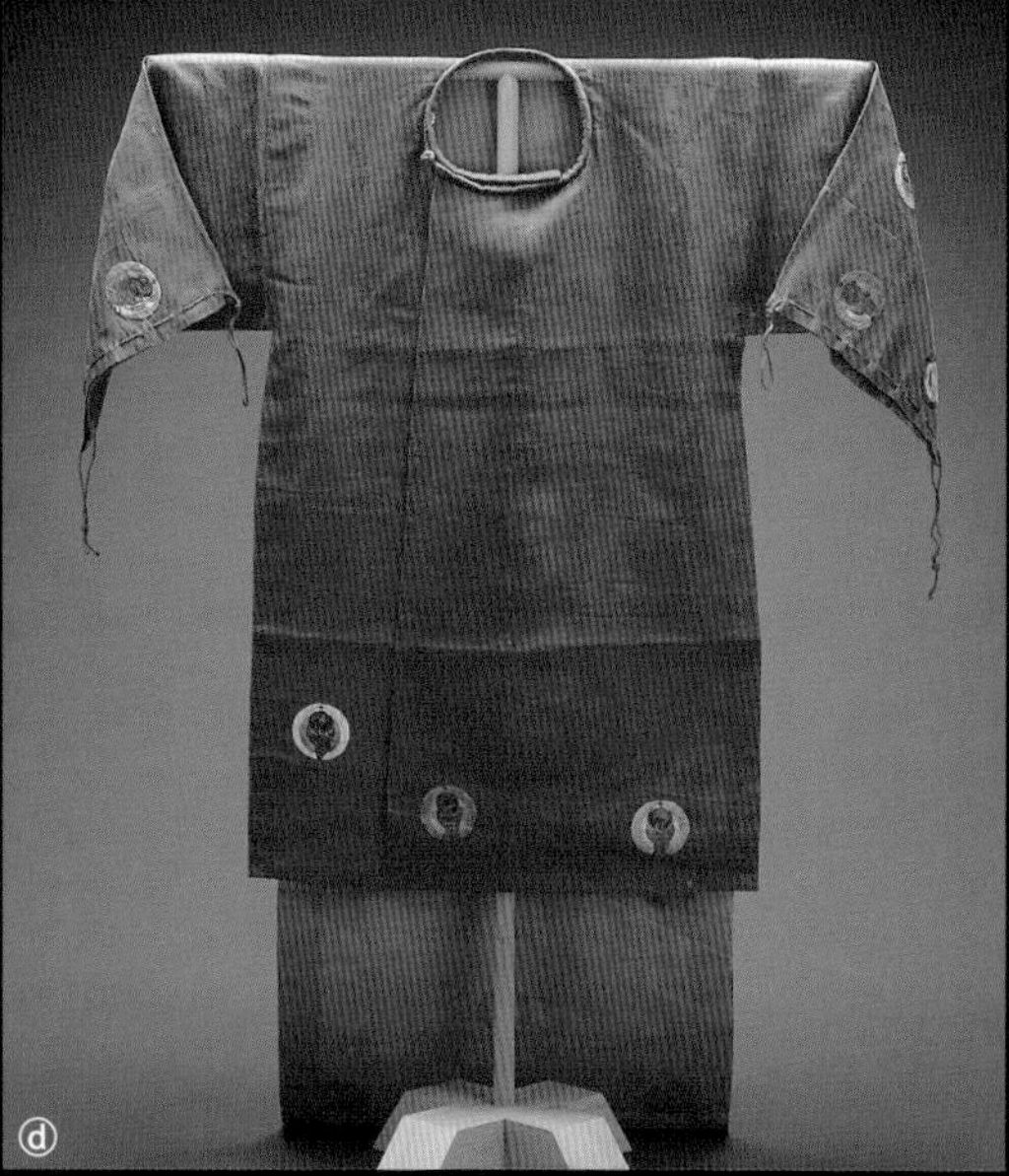
ⓓ

ⓐ

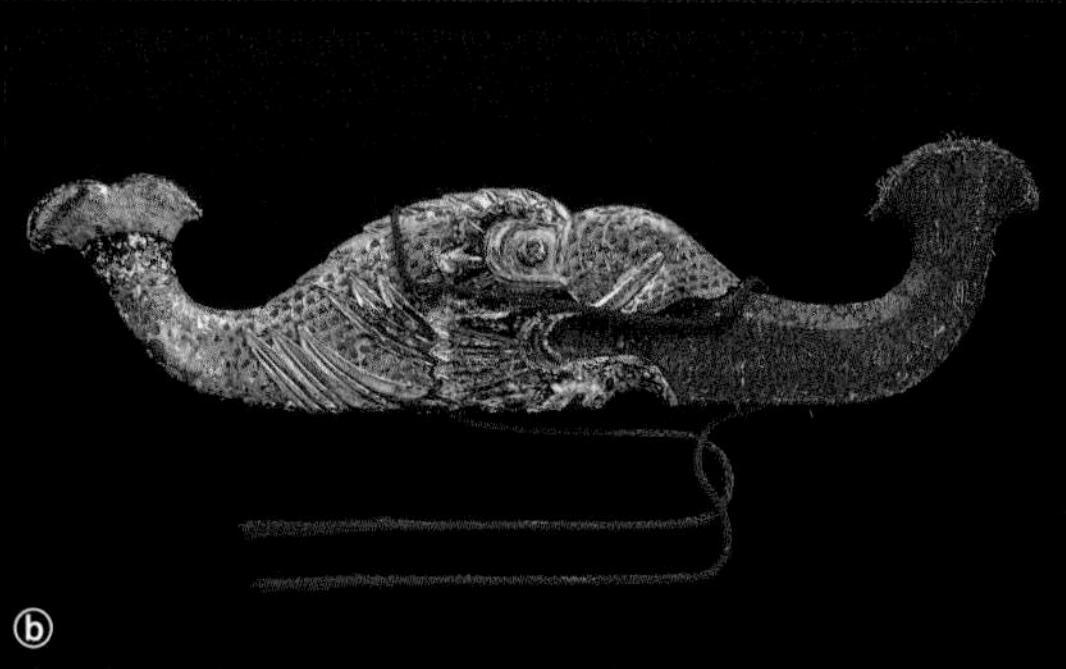
ⓑ

ⓔ

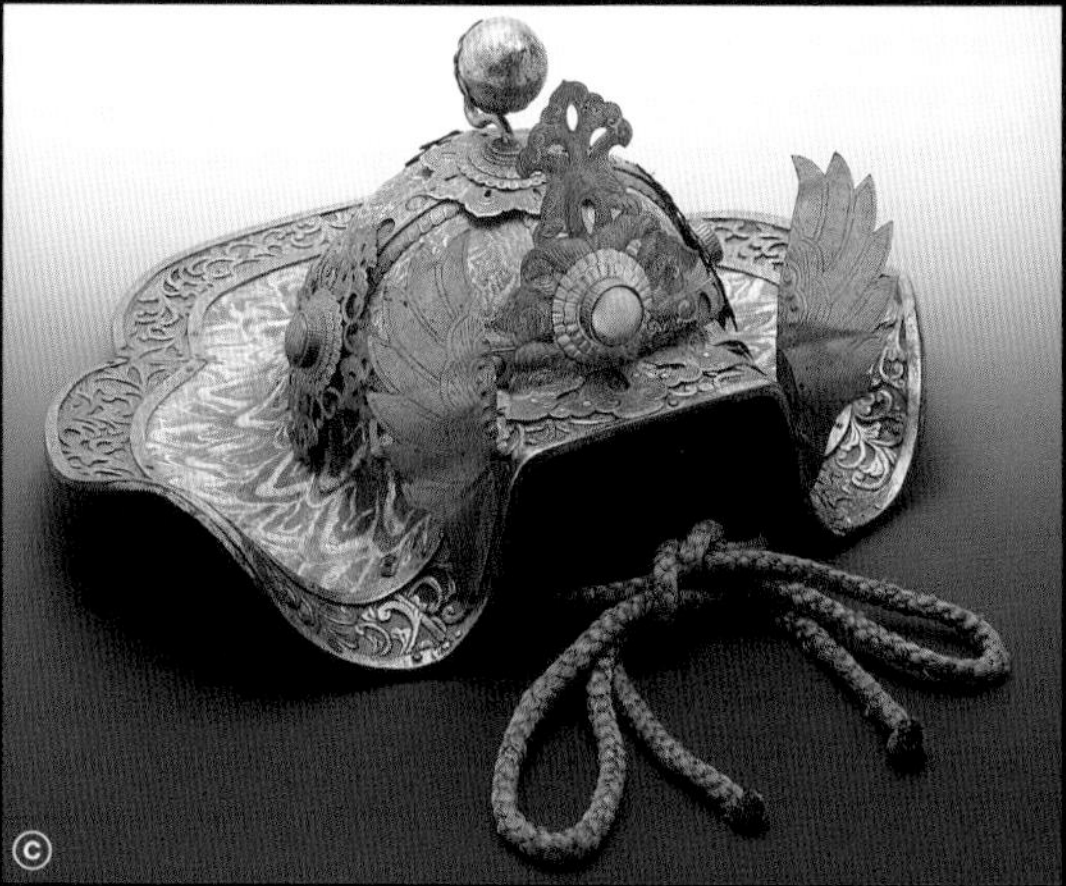
ⓒ

ⓕ

ⓛ

ⓚ

ⓖ

ⓝ
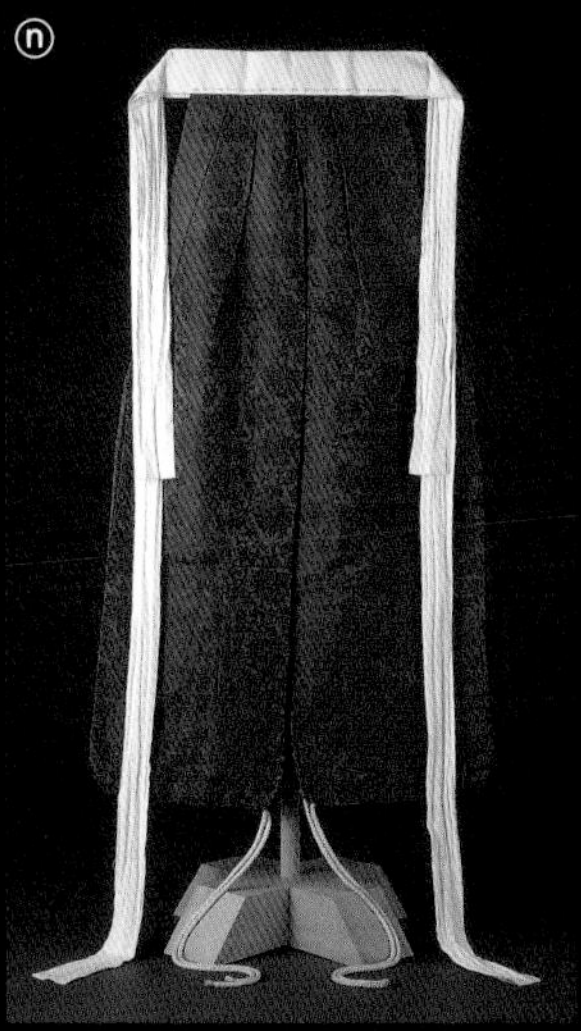

ⓜ
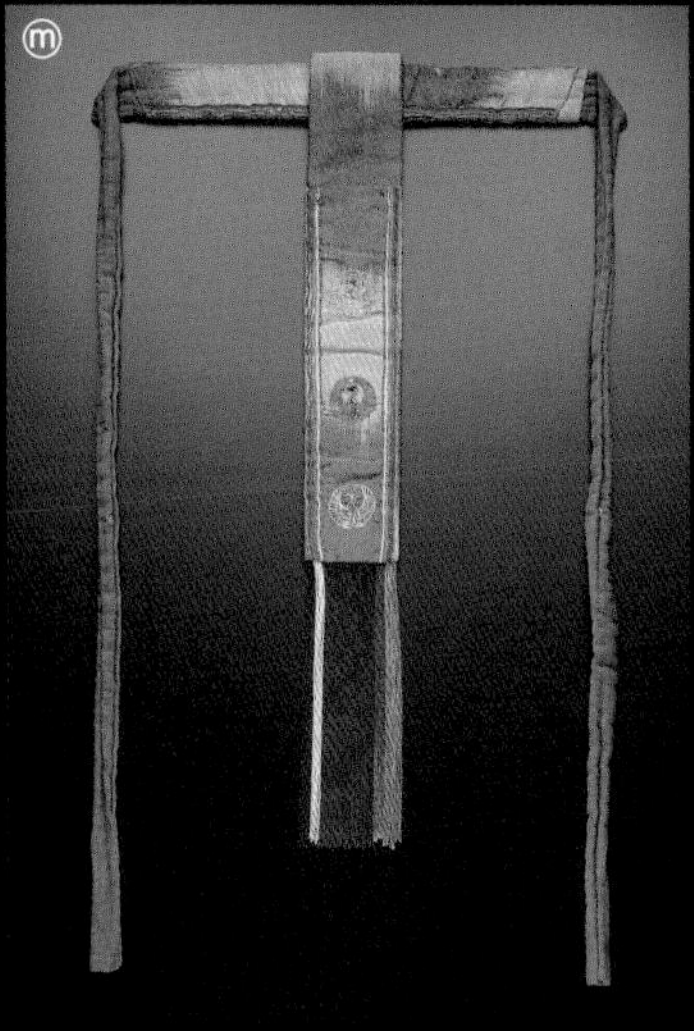

ⓗ

ⓘ
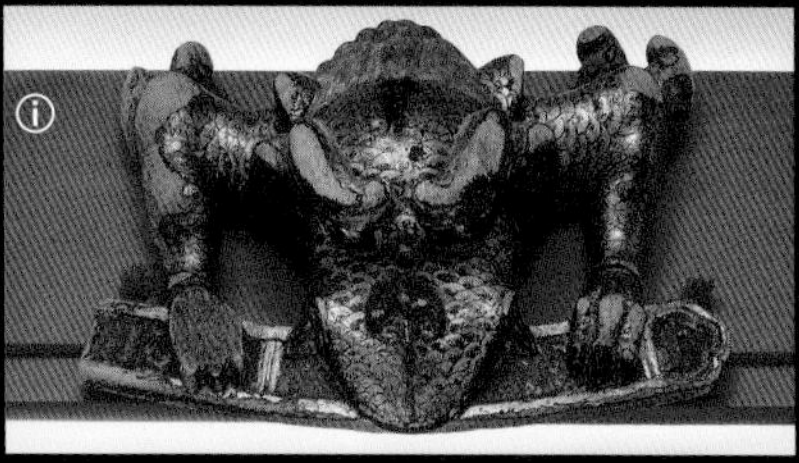

ⓞ
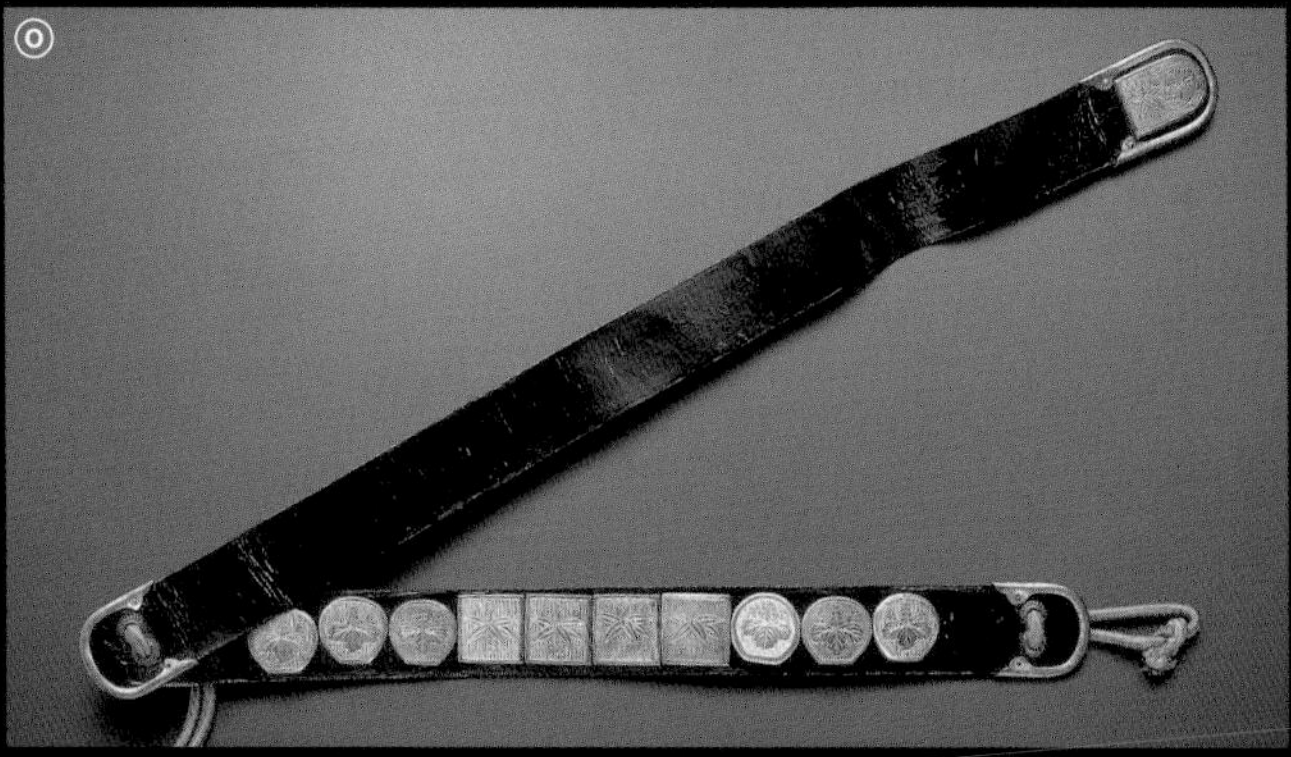

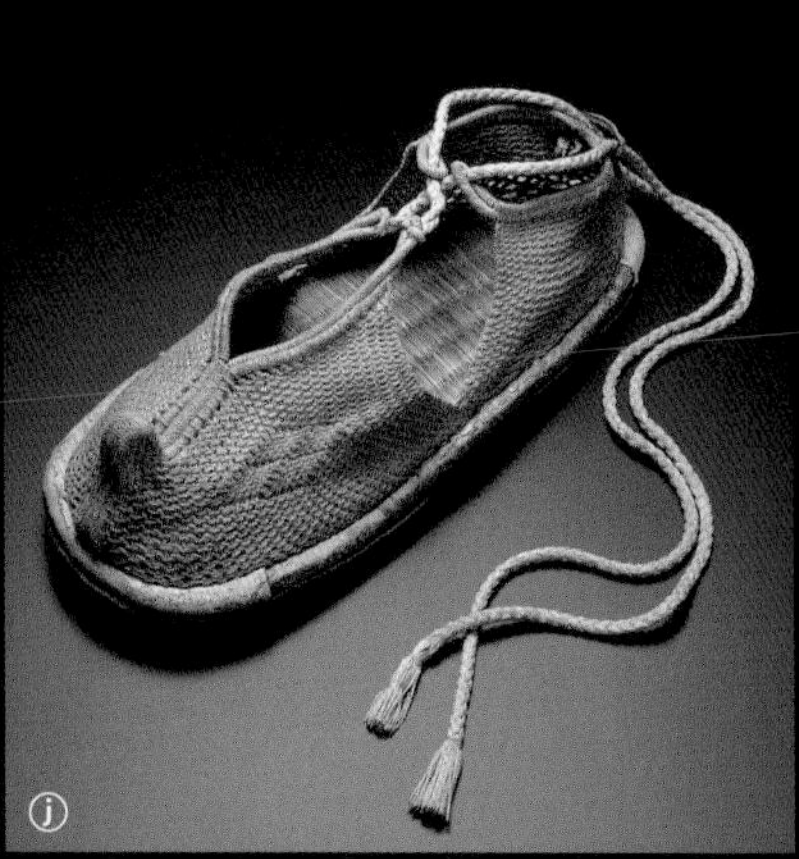
ⓙ

(a) 肩喰《かたくい》
(b) 魚袋《ぎょたい》
(c) 兜《かぶと》
(d) 袍《ほう》
(e) 鎧《よろい》
(f) 太刀《たち》
(g) 胡籙《やなぐい》
(h) 脛当《すねあて》
(i) 帯喰《おびくい》
(j) 絲鞋《しかい》
(k) 鉾鰭《ほこひれ》
(l) 籠手《こて》
(m) 平緒《ひらお》
(n) 袴《はかま》
(o) 石帯《せきたい》

## 5 舞楽装束の細部

実際に舞楽に使われるさまざまな道具・小物類を写真でご紹介しましょう。

左方の鉾

右方の鉾

**⑴振鉾の甲・鉾**　この甲は、鳥甲として、平舞の多くに共通して用いられる甲。左方の鉾には赤の飾りが付けられ、矛先が金色になっていること、それに対して右方の鉾は、それが緑と銀色になっていること、つまり、左右の色分けがこうした細部にも意識されていることに注目したい。

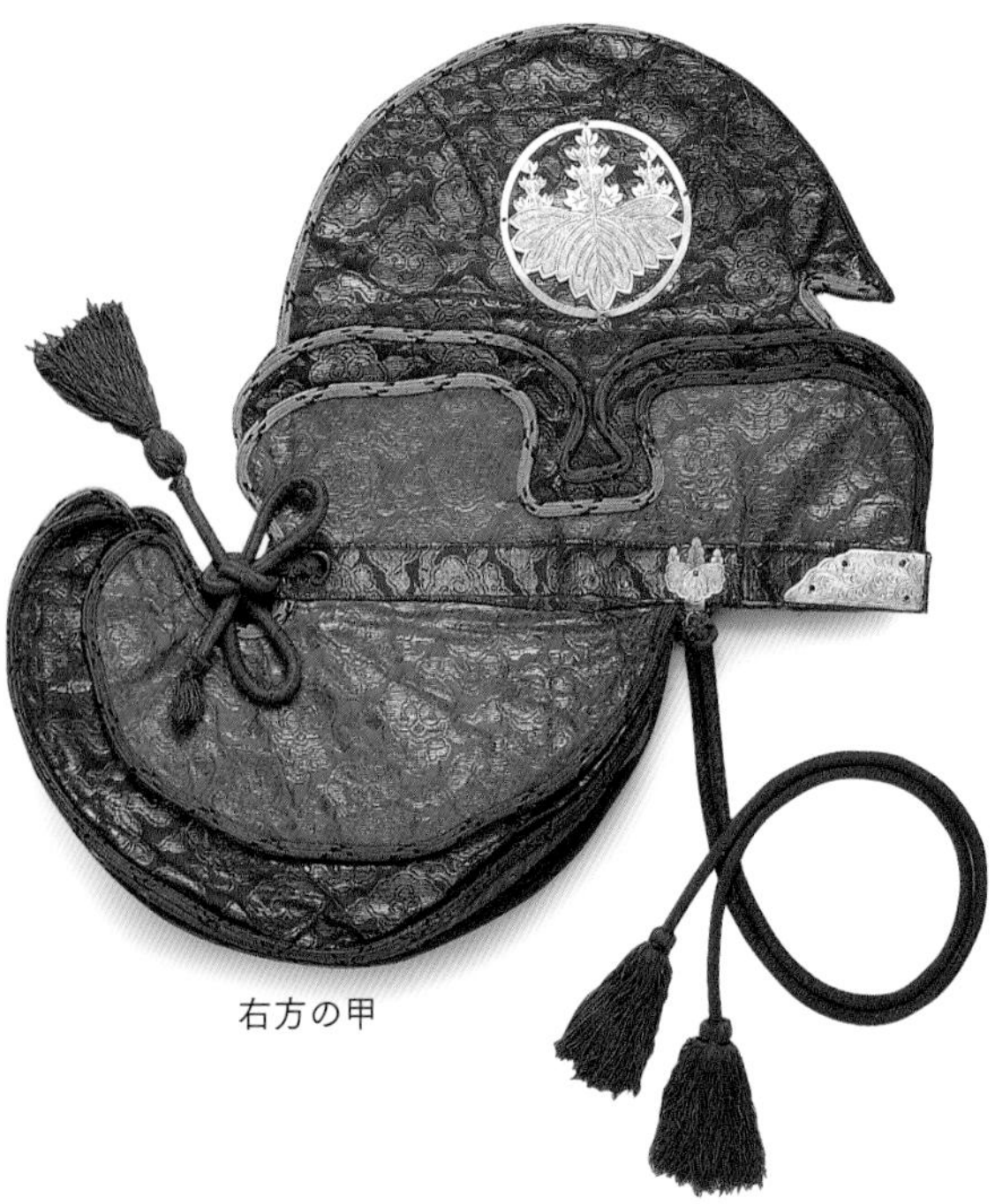

右方の甲

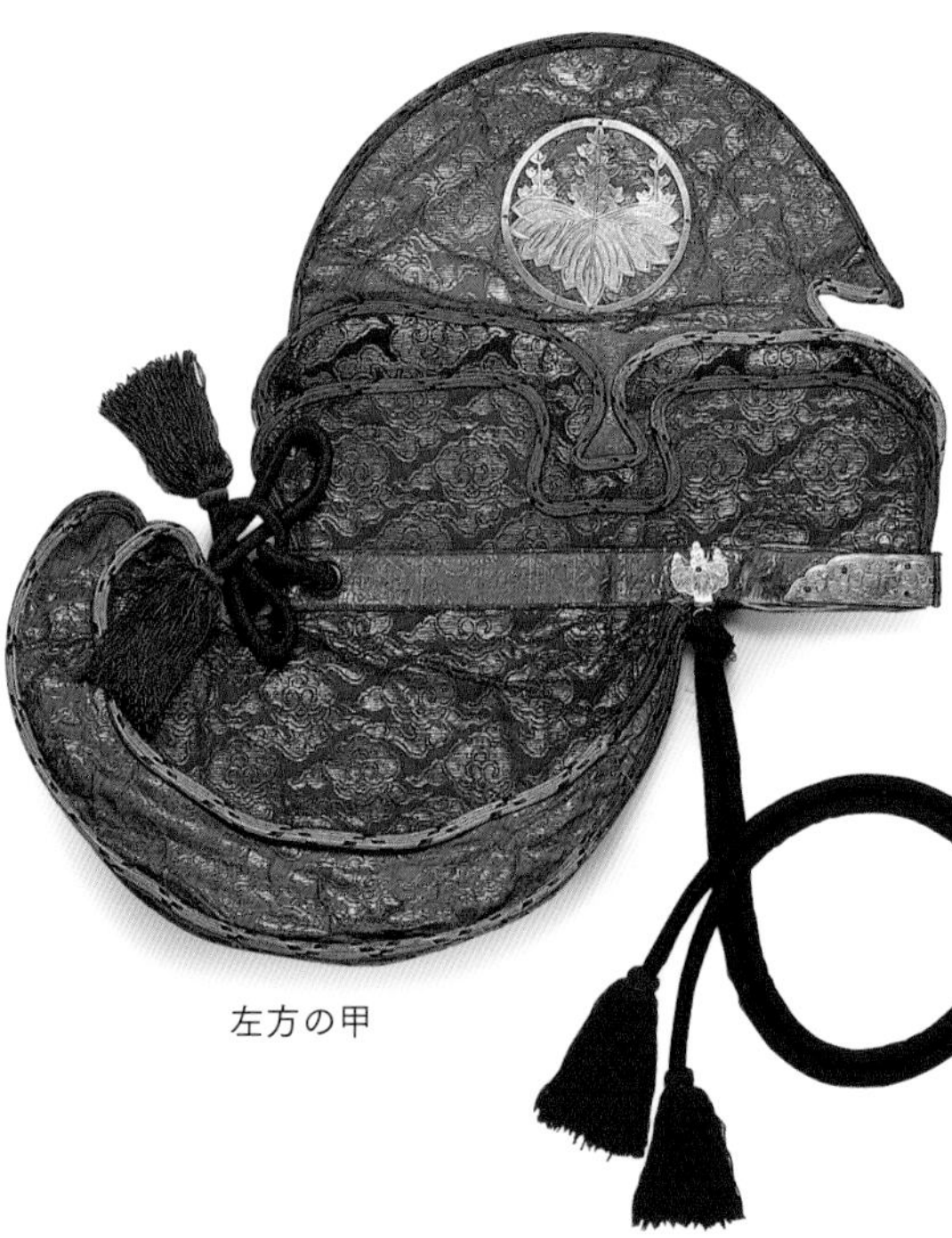

左方の甲

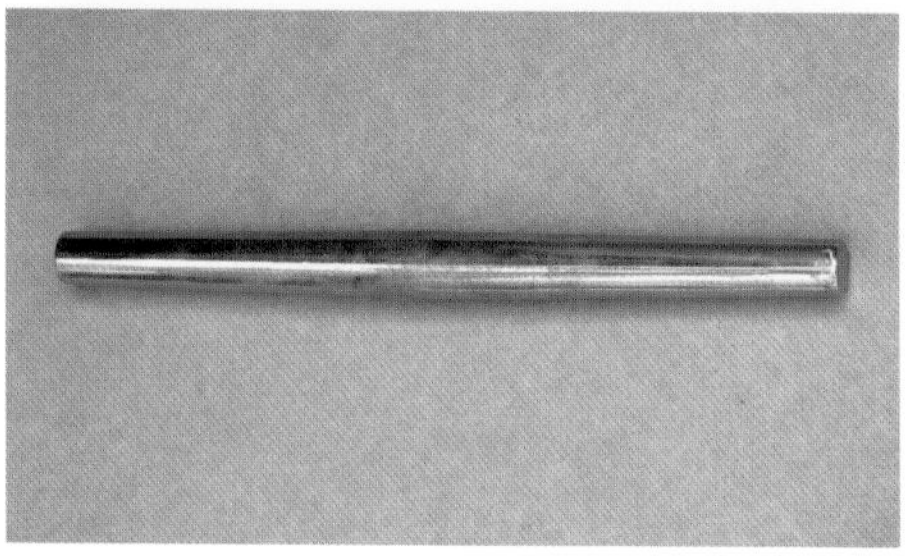

**(3)納蘇利の面・桴**　吊顎の納曽利の面。桴は、銀色。

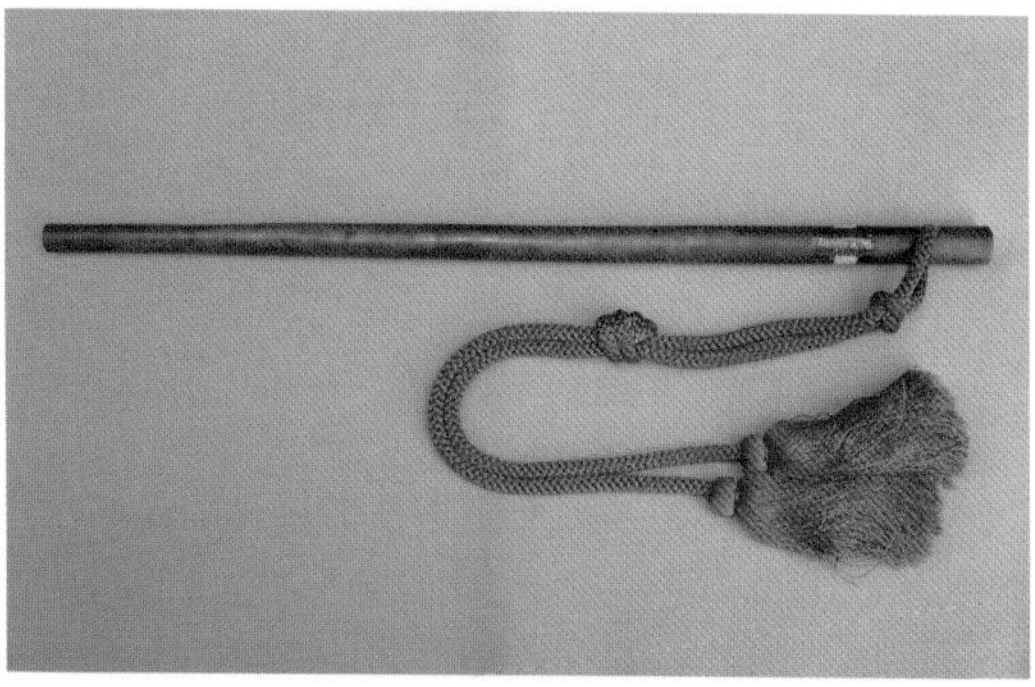

**(2)陵王の面・桴**　金色に輝く龍をいただく仮面と、舞人が手に持つ桴。走舞の舞人は、桴を持つが、その桴は舞によってさまざまな形状を示している。

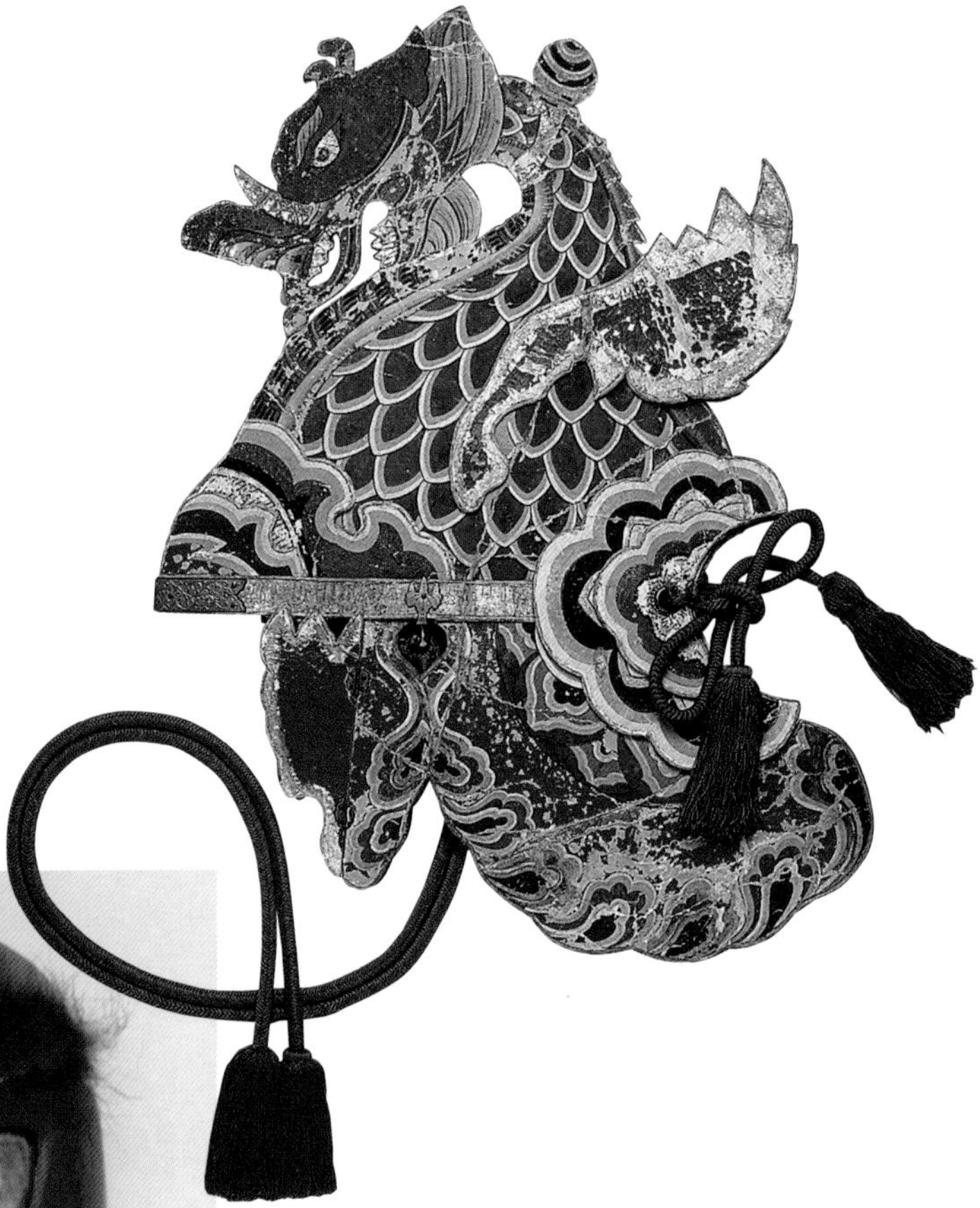

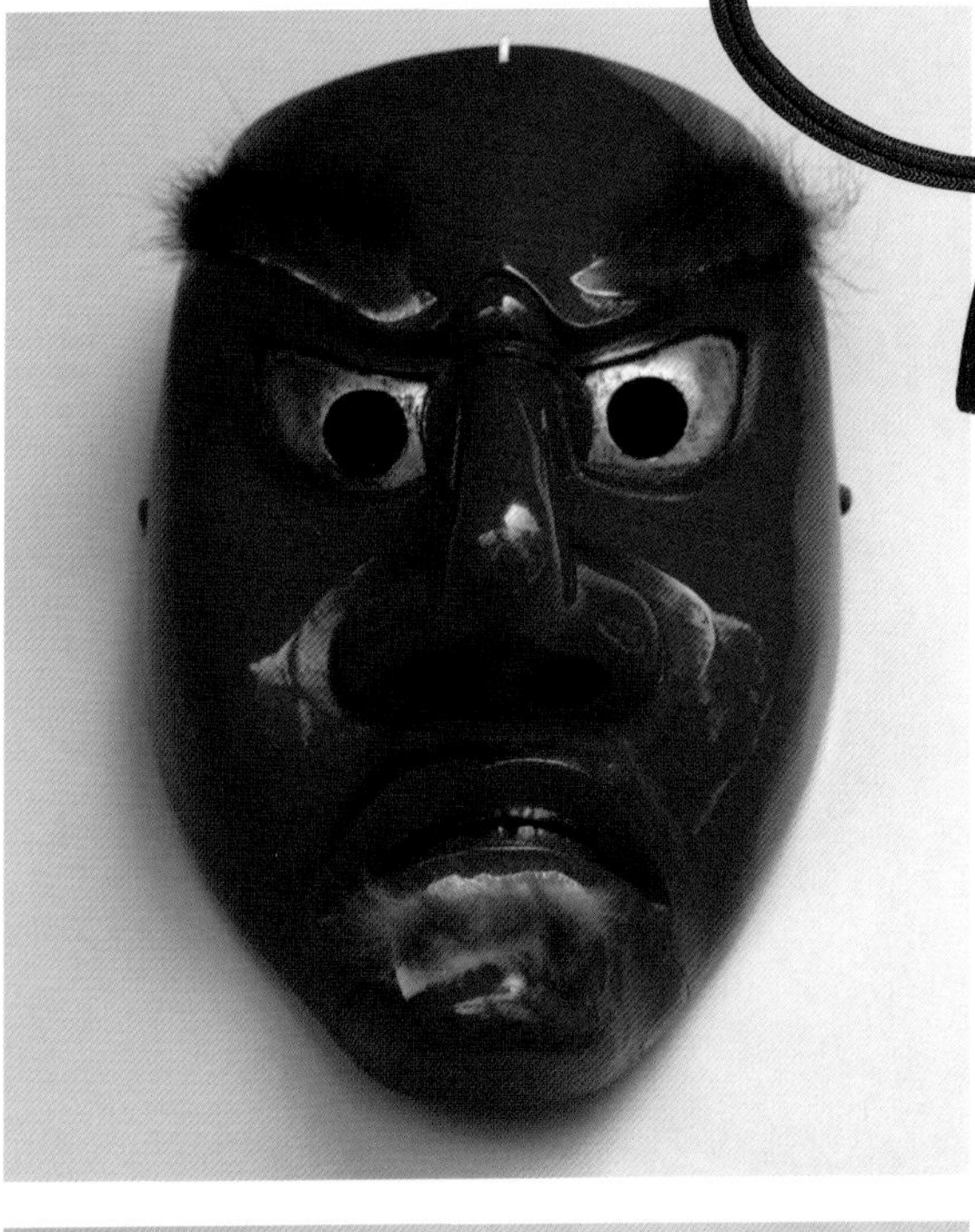

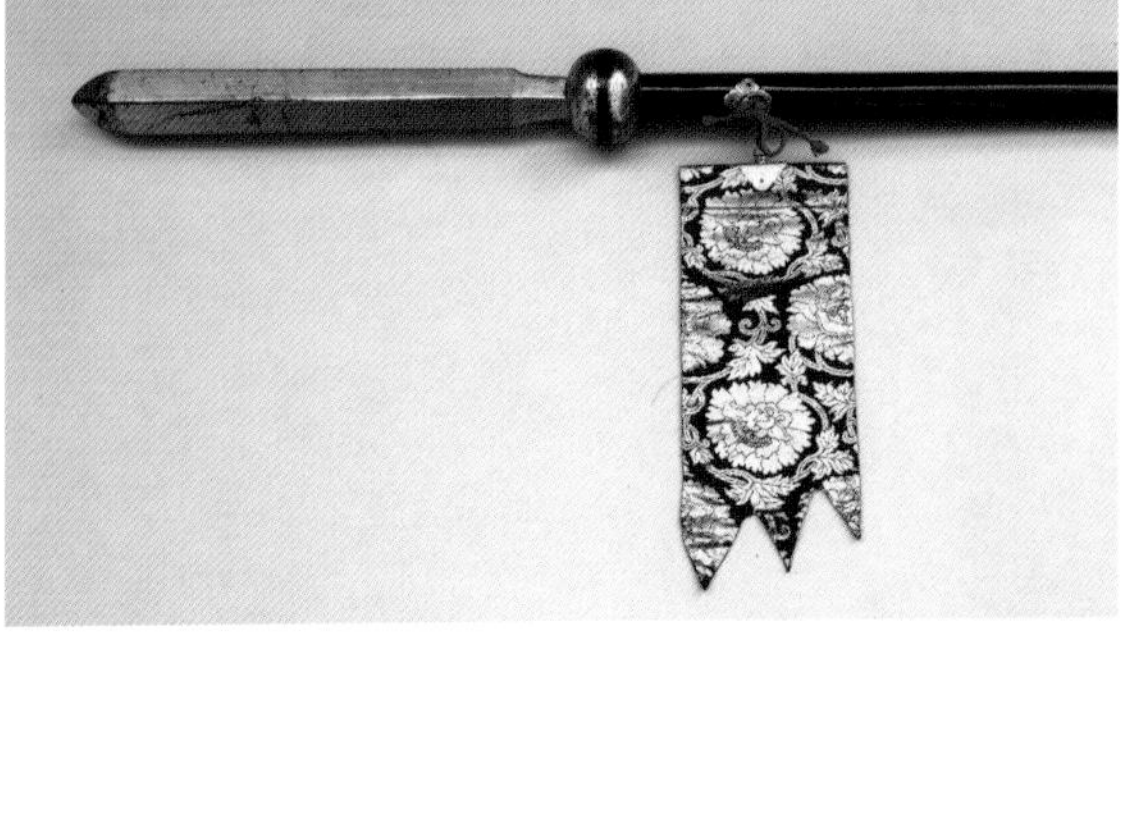

**⑷散手の甲・面・鉾**　甲は、龍が玉を抱く様子を表したものといわれる。面は、武将の顔をイメージしたもの。

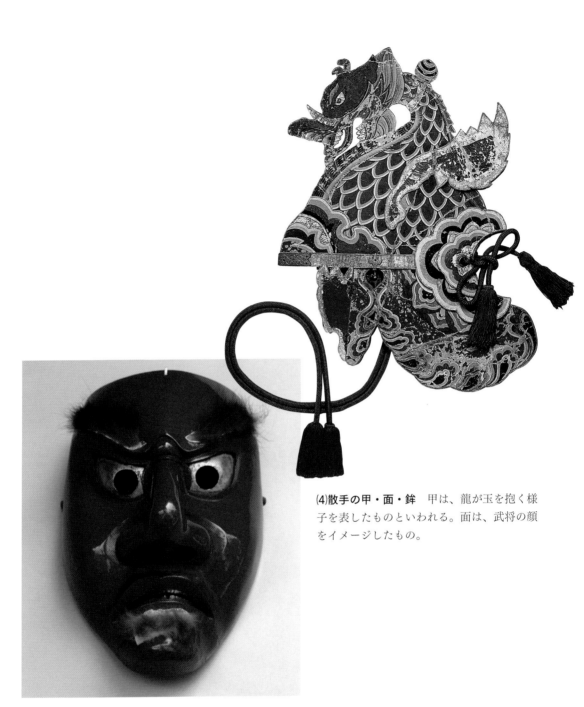

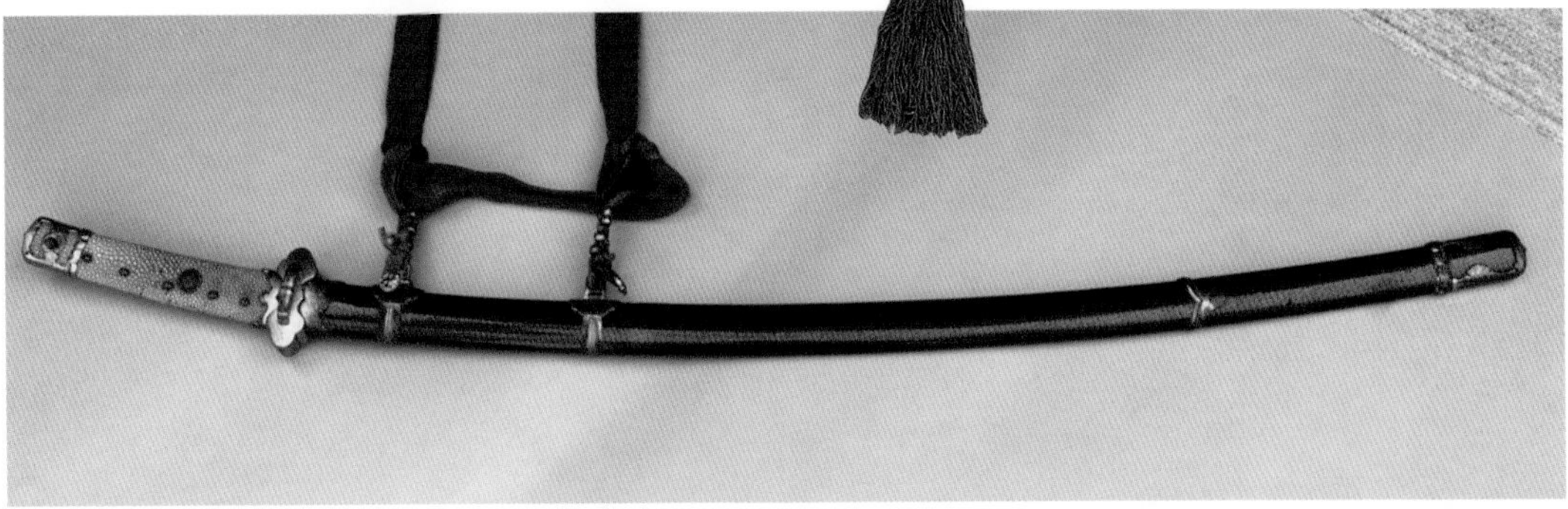

**⑸貴徳の甲・面・鉾・太刀**
甲は、オウムの上に珠が乗っているイメージ。

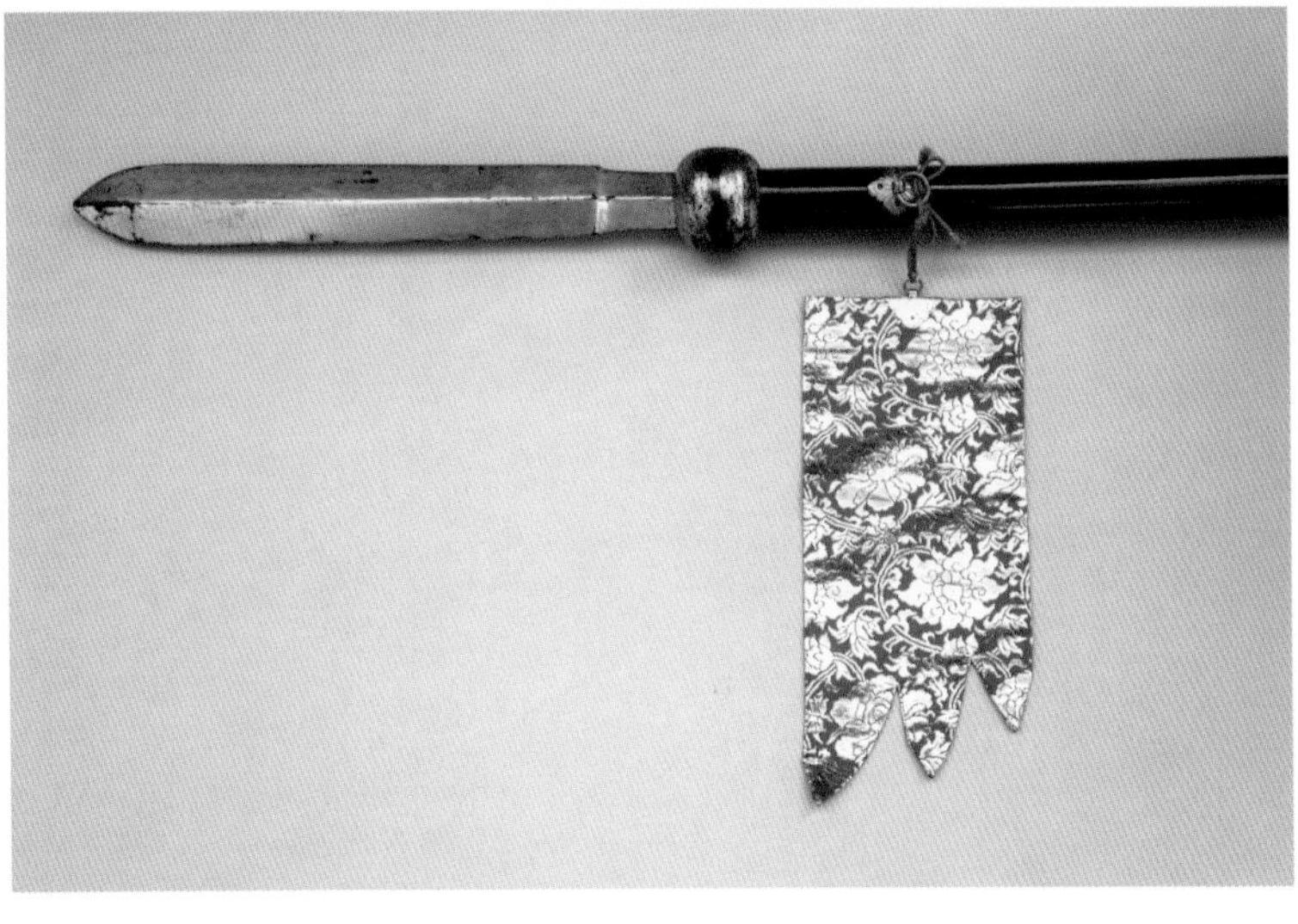

⑹蘇利古の雑面　雑面《ぞうめん》は、人の顔を象徴的に描いた布製の面。

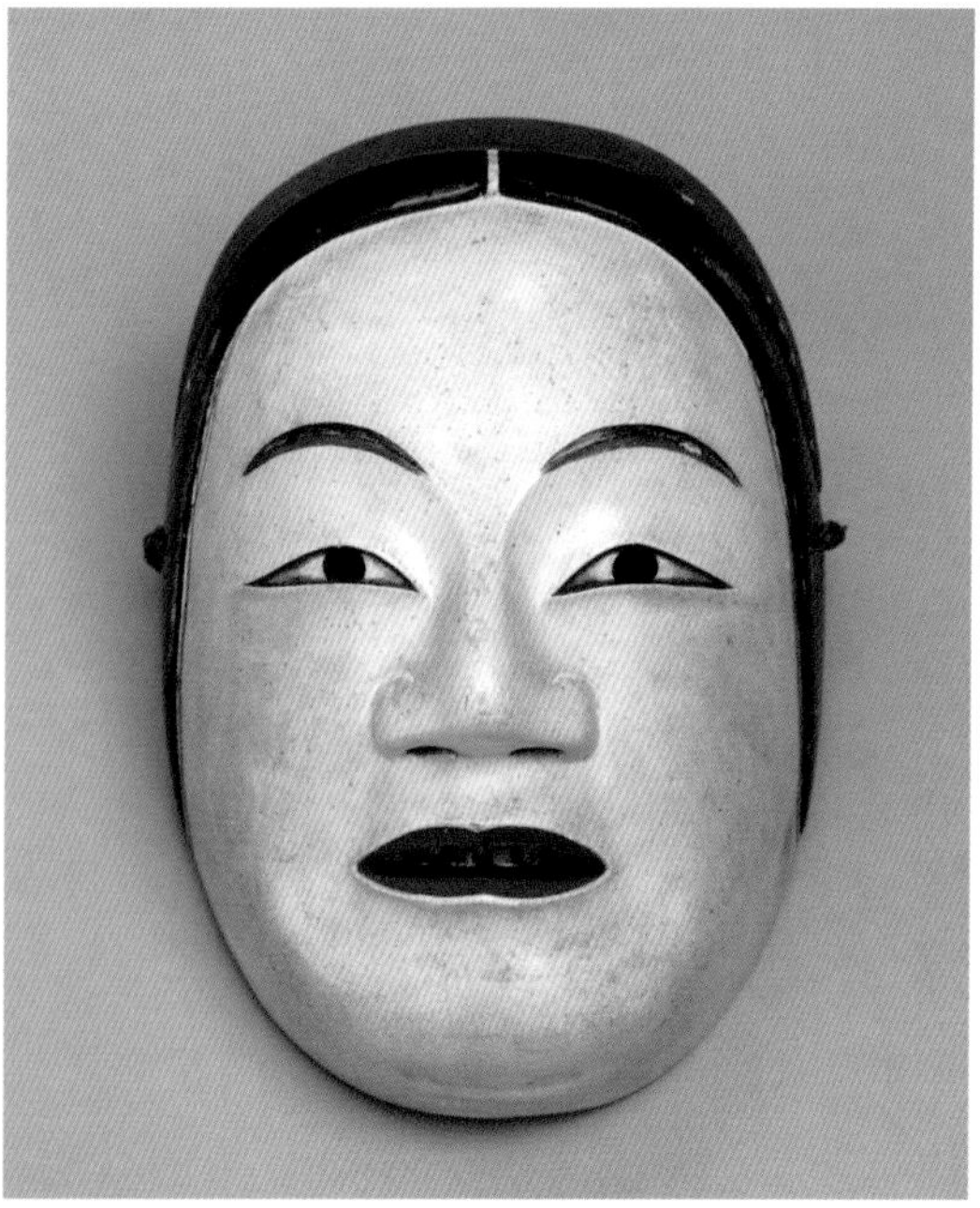

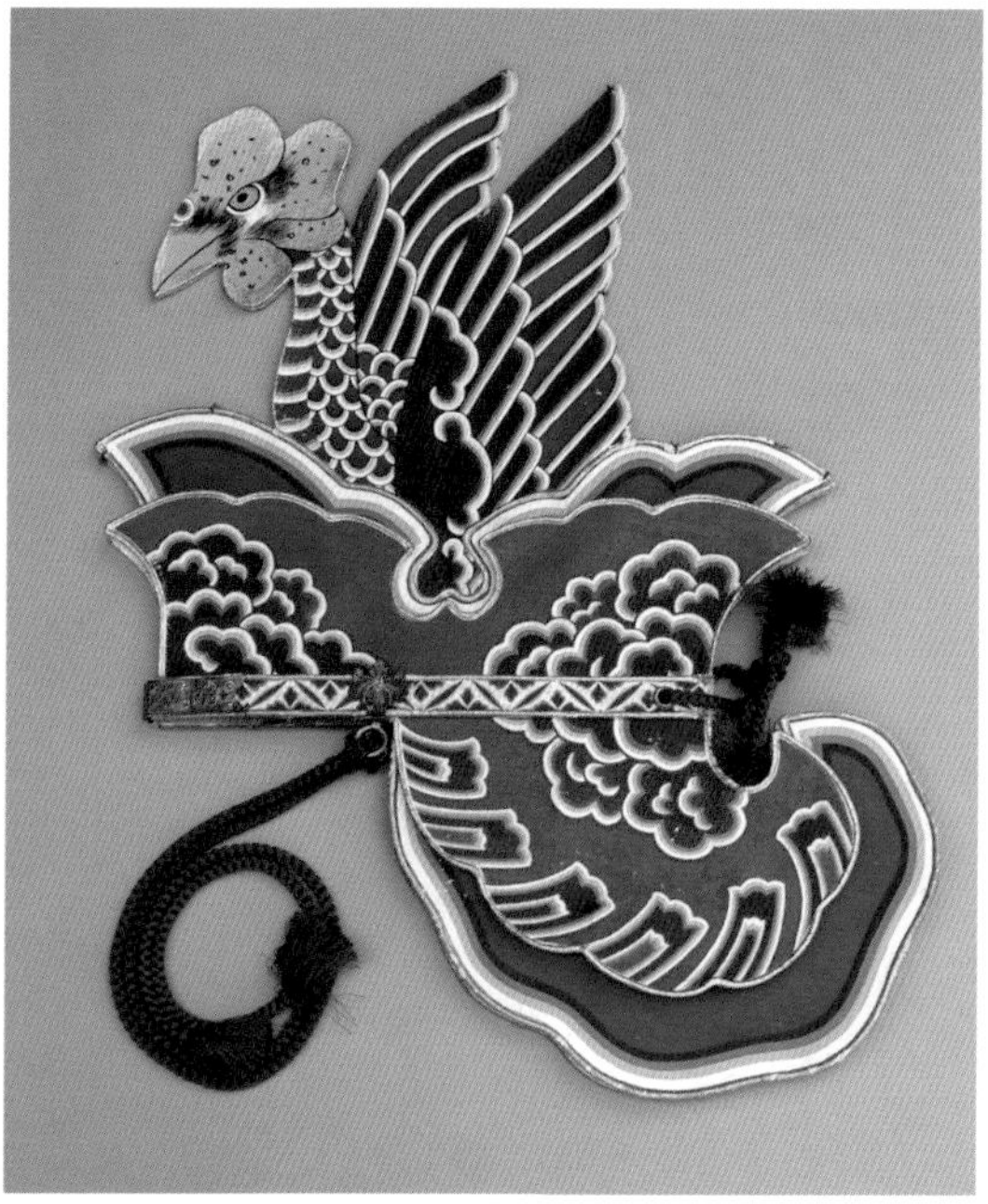

⑺綾切の甲・面　甲は、牟子の上から着ける。鳳凰が球を抱いた姿をイメージしたもので、鳳凰甲ともいう。面は、雅楽で用いられる面としては珍しい女性のイメージを表現したもの。
四天王寺では、以前は地久の甲を綾切に転用していたが、近年綾切の甲を復元し、これを新調した（146ページ以下参照）。

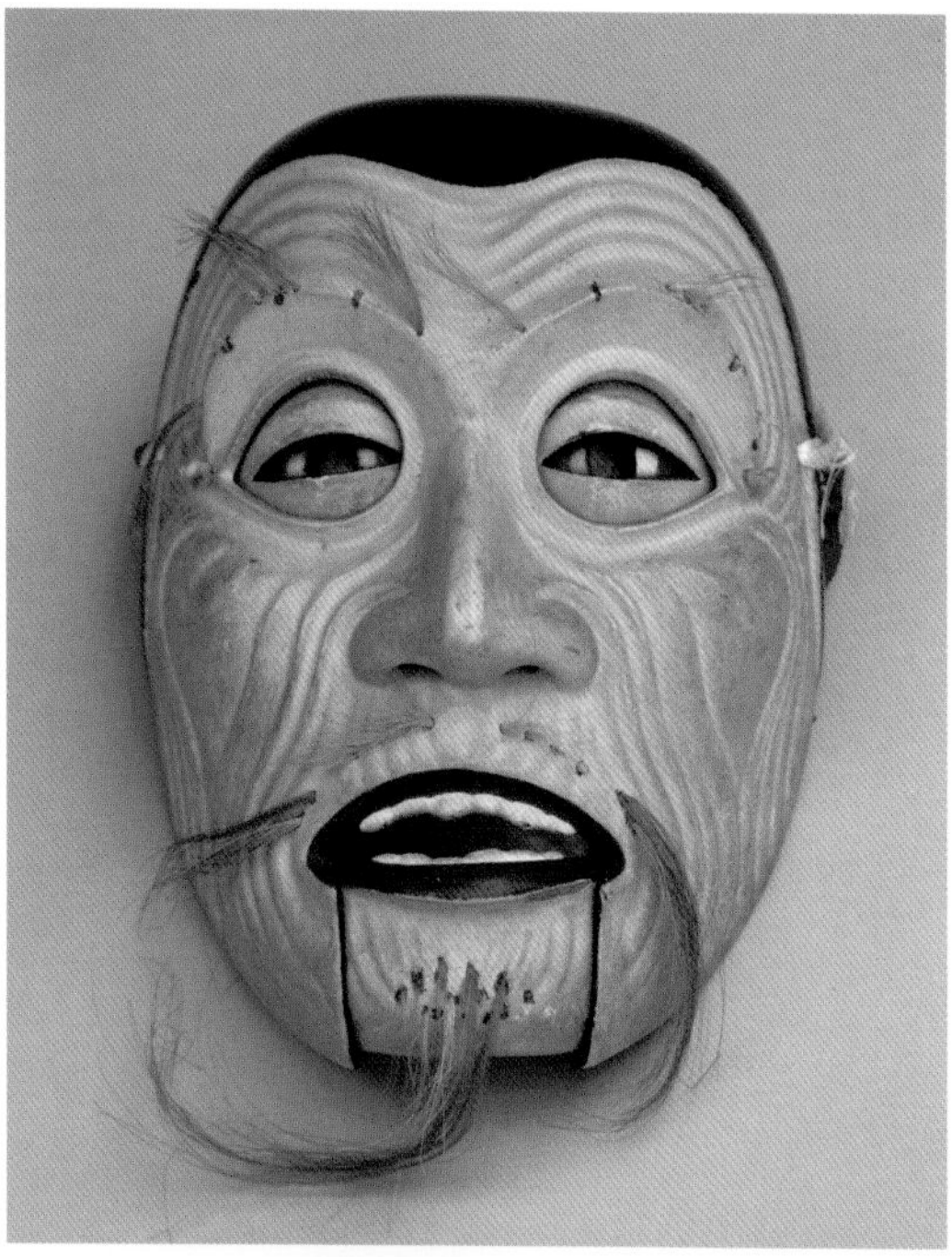

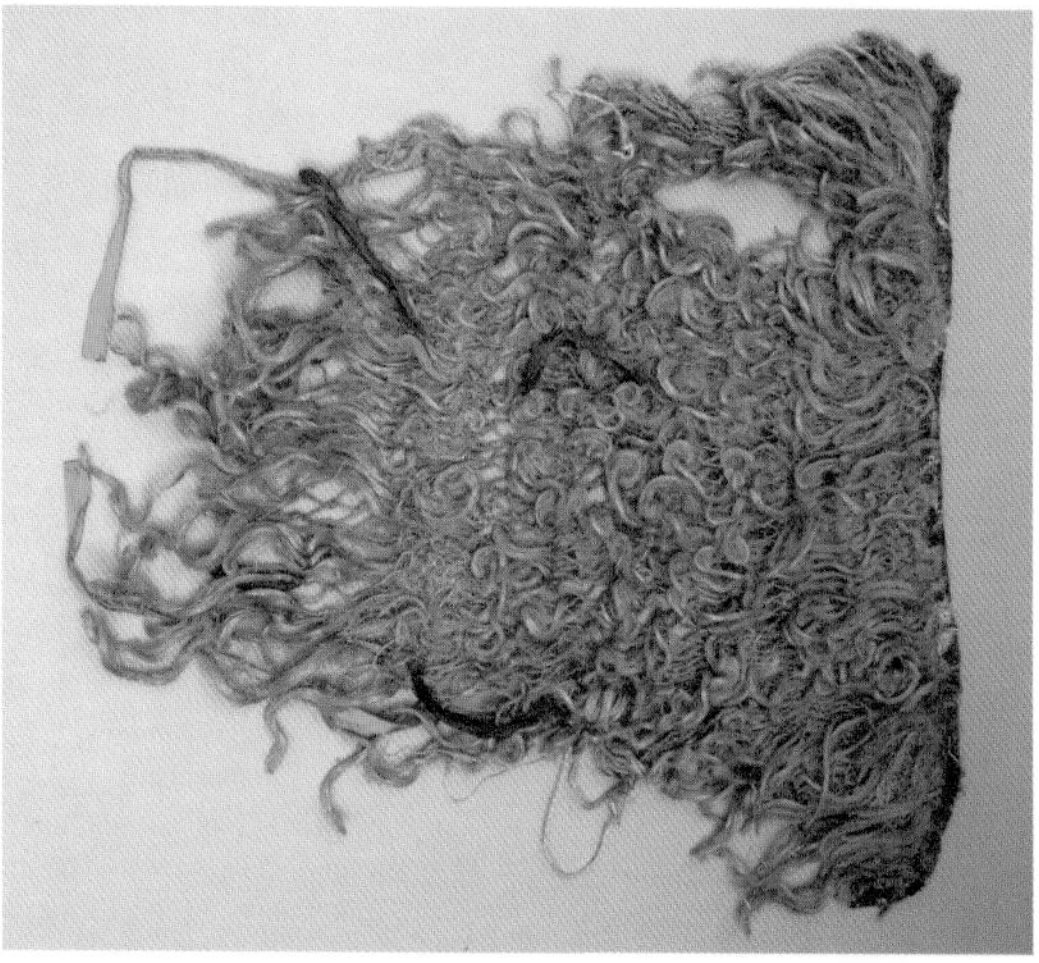

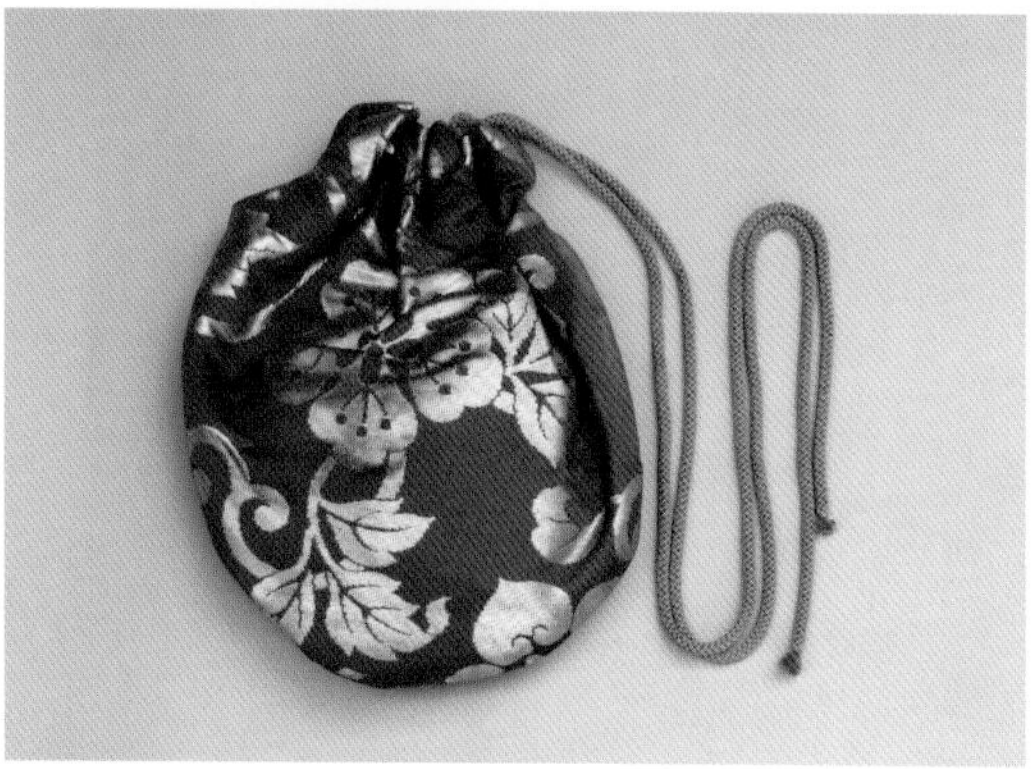

**⑻採桑老の面・薬袋・鳩杖**　しわの多い面に、鳩が止まった様子を表した杖を手にもつ。腰に下げる薬《やく》袋《たい》。

**⑼蘇莫者の面・蓑**　老猿をイメージした面で、舌を出している。長い髪の毛と髯がある。舞人は、この面を着した後に、頭巾のような牟《む》子《し》を被る。蓑は裲襠の上に着ける。

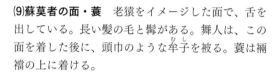

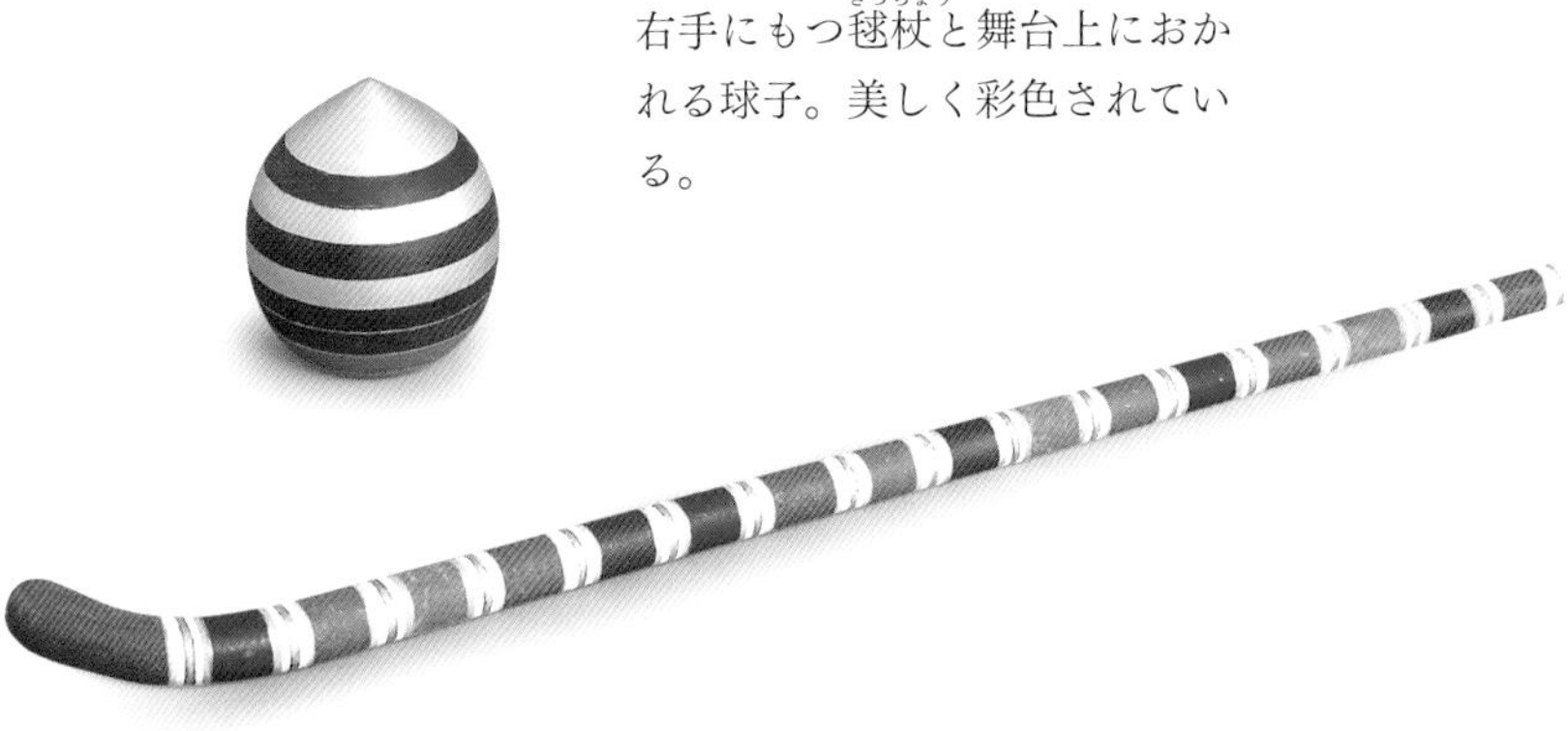

**⑽打球楽の毬杖・球子**　舞人が右手にもつ毬杖《ぎっちょう》と舞台上におかれる球子。美しく彩色されている。

**⑾迦陵頻の天冠・羽・銅拍子**　透かし彫りが施された天冠には、挿頭花《かざし》が飾られる。背中につける羽は美しく彩色される。舞人が手に持ち、打ち鳴らしながら舞う銅拍子。

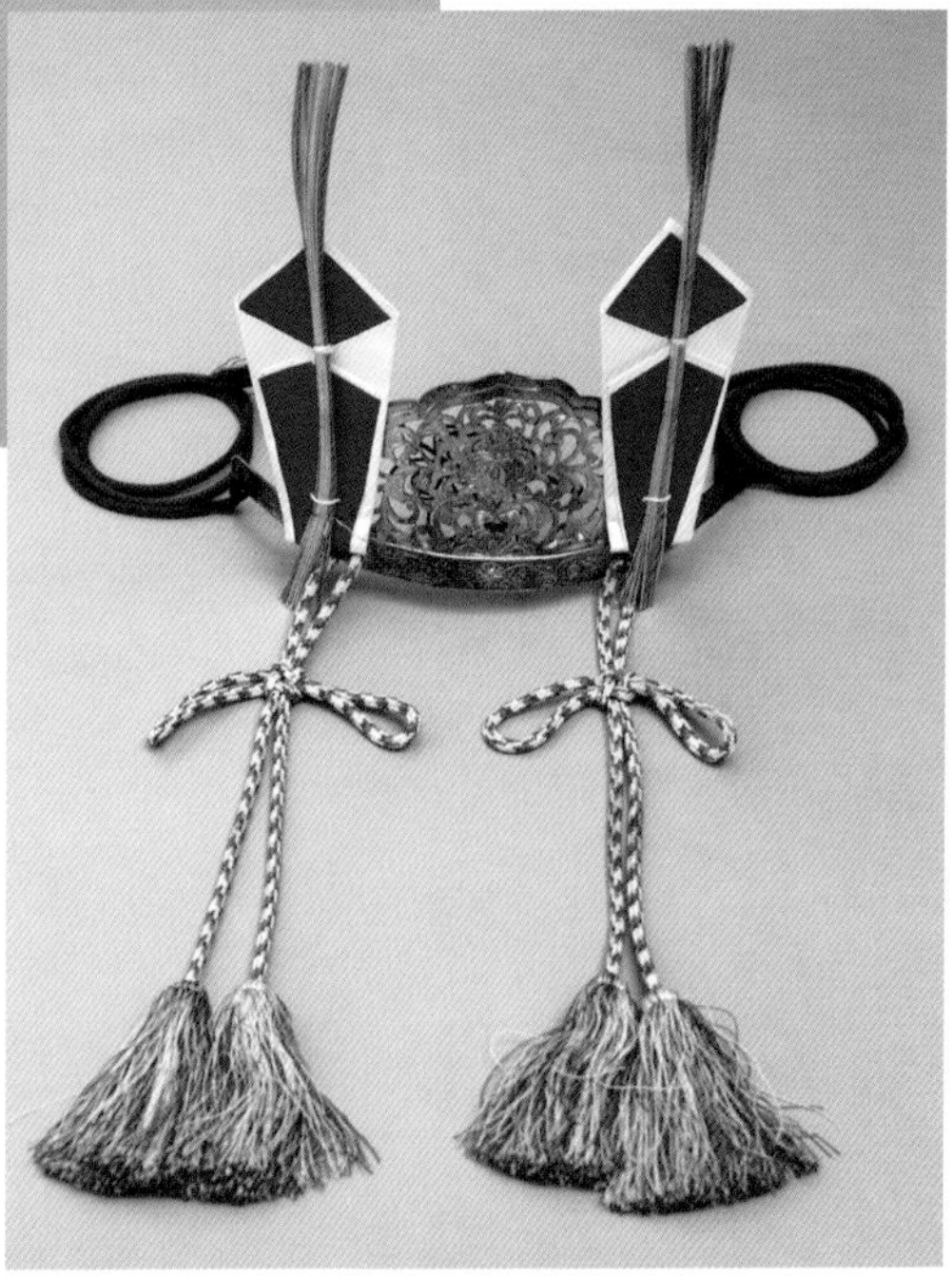

**⑿胡蝶の天冠・羽**　実際に用いる時には、天冠には剪採花《とりばな》の山吹の花が添えられる。羽は蝶の羽らしく文様が描かれる。

**⒀還城楽の面・蛇**　四天王寺では、還城楽は左舞なので蛇の頭は左を向くように舞台におかれる。この蛇には耳がある。面は、顎の部分が動くようになっている。

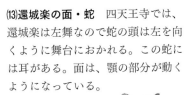

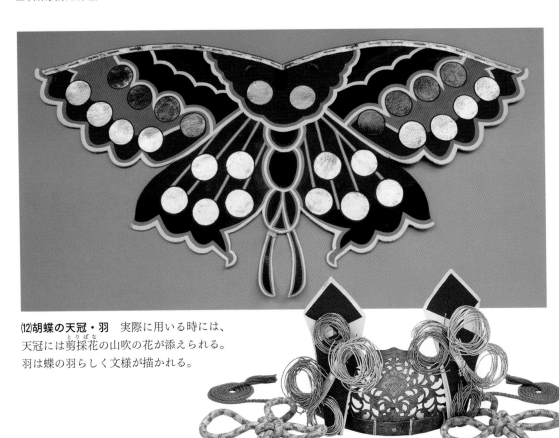

**⒁八仙の甲・面**　鶴をかたどったとされる面は、目の部分が金色に塗られる。嘴の部分は、短いがその先に鈴をくわえる。甲は、扇形に美しく彩色される。

**⒂陪臚の楯**　舞人が手にする楯は、美しく彩色されている。

# 二　雅楽の楽器について

左の大太鼓

右の大太鼓

以下では、舞楽の伴奏の楽を奏でる雅楽器についても紹介することとしましょう。

雅楽の楽器は、管楽器・絃楽器・打楽器の三種類に分類されますが、舞楽の伴奏には、原則として絃楽器は用いられません。したがって、聖霊会においても、絃楽器は使われていませんが、なぜか、四天王寺には、雅楽に使用される絃楽器が所蔵されています。それらについても、参考のために簡単に解説しておきます。

## 1　打楽器（打ちもの）

打楽器の中でも、太鼓は、舞楽や雅楽が演奏される場で、かなり人目を惹くものでしょう。四天王寺において舞楽が演じられる場合、聖霊会では「大太鼓《だだいこ》」が、それ以外の場では「楽太鼓《がくだいこ》」が用いられます。儀式において、「行道」が行われる際には、歩きながら演奏できるように担ぎ手が担ぐ「荷太鼓《にないだいこ》」も用いられます。

聖霊会では、石舞台の南側に左右一対の大太鼓が置かれます。現在では、十七世紀のはじめの元和の再興の際の豊臣秀頼公寄進の大太鼓が重要文化財指定を受けたために、昭和四十二年に新たに制作された大太鼓が用いられています。これは、撥面の直径が二メートル二五センチもあり、大太鼓台上に設置すると高さ六メートル

鉦鼓

楽太鼓

にも及ぶ大太鼓です。左方では、太鼓の周囲を飾る火焔の上部に龍が、右方では鳳凰が彫刻され、火焔の頂上には棹が立てられその先端には、左方では日輪、右方では月輪が輝いています。（大太鼓は、正式には鼉太鼓と記されます。）

大太鼓の演奏者は桴《ばち》を両手に、立ったまま伸び上がるようにしてこれを打ちます。演奏法は、左手で打つ弱奏の「図《ずん》」と右手で打つ強奏の「百《どう》」の、弱と強の打ち方を対にして奏することが基本となっています。注意して聴いていると、舞楽が終わりに近づくにつれて、この太鼓が打たれる回数が増え、「弱強」の組み合わせではなく、「弱強強」という組み合わせになっている場合があることに気が付くでしょう。それと同時に、音楽そのものも随分と軽やかにノリが良くなっていることにも気が付くことと思います。雅楽の演奏は、最初はゆっくり、次第に早くという基本にのっとって行われるのですが、こうした変化を太鼓が打たれるタイミングを計ることで知ることができるのです。

さて、雅楽演奏に用いられる打楽器は、「打ちもの」と総称されますが、これは、中空の胴体に皮を張る鼓類と、青銅製の皿型の鉦を木枠に吊り下げたものを二本の桴で打ち摺るように演奏する鉦鼓とに分けられます。

鼓類には、太鼓のほかに、左方唐楽に用いる「鞨鼓《かっこ》」と、右方高麗楽に用いられる「三ノ鼓《さんのつづみ》」があります。この二つは、

鞨鼓

行事鉦

ともに美しく彩色された胴の両面に張られた皮の部分を桴で打つものですが、鞨鼓では、左右両手に桴をもち両手または片手で演奏するのに対し、三ノ鼓では、右手にのみ桴を持ちます。鞨鼓の胴が寸胴であるのに対し、三ノ鼓の胴は、細腰鼓《さいようこ》と呼ばれる胴の中央部分が砂時計状にくびれた形状を持つという違いはあるのですが、いずれも皮膜面が左右になるように、横たえた形に置かれて演奏されます。

雅楽では、指揮者もないままで、絃楽器・管楽器・打楽器という多数の楽器を多人数で演奏するにもかかわらず、整然と演奏が行われます。実は、このような雅楽の音楽の進行をつかさどっているのが、これらの打楽器演奏を担当する楽人です。したがって、唐楽の鞨鼓、高麗楽の三ノ鼓の奏者には、楽頭《がくとう》と呼ばれるトップ奏者が充てられ、いわば指揮者の役目を担っているのです。

鉦鼓《しょうこ》は、雅楽を演奏する楽器の中では、唯一の金属性の楽器です。桴《ばち》で撃つのではなく桴を上から下に落とす感じで、鉦鼓の面をするように演奏します。

聖霊会の儀式全体の進行において、儀式の区切りを告げるのが行事鉦は、雅楽の楽器ではありませんが、聖霊会において、その音は

三ノ鼓

振鼓

笙

非常に大きな意味を持っていますので、ここでも触れておきましょう。聖霊会当日には、石舞台の南側の中央部分に、高さ二メートルの木柱の上に、火焔のついた枠に吊られた行事鉦が立てられます。この鉦を木槌で打つことによって、儀式の進行に区切りがつけられるのです。

## 2　管楽器（吹きもの）

「里のみやげに何もろた　でんでん太鼓にしょうのふえ」と「子守唄」に歌われた楽器は、いずれも雅楽演奏に用いられる楽器です。「でんでん太鼓」は、玩具にもありますが、雅楽の楽器では、聖霊会で左方の楽頭が行道のときに手に持ち、また舞楽「一曲」でも用いられる振鼓《ふりつづみ》のことです。

もうひとつの「しょうのふえ」とは、笙《しょう》のことです。古い時代には、管楽器を「ふえ」と総称した名残で、「笙の笛」となるのでしょう。この笙という楽器は、空気が出る穴と指穴とがあけられた細長い竹管十七本を、匏《ほう》の上面に円を描くように、また、横から見た形は鳳凰が羽ばたいている姿になるように配列した楽器です。この姿から、「鳳笙《ほうしょう》」とも呼ばれます。それぞれの竹管の下部には簧《した》がついており、竹管の指穴を押さえながら、演奏者が匏の吹き口から息を出し入れすることで、この簧が振動し、竹管内の空気と共鳴して音を出す仕組みになっています。なお、演奏者の息に含まれる水分が笙の内部にたまると、この簧が振動しなくなるので、音が出なくなります。それで、笙の奏者は、身近に火鉢などを置き、演奏しないときには、常に笙をあぶって水分を飛ばしているのです。

笙のそれぞれの竹管が出す音の高さは決まっています。ただし、十七本のうち二本は音が出ないようになっていますから、笙は十五のそれぞれに異なった高さの音

篳篥

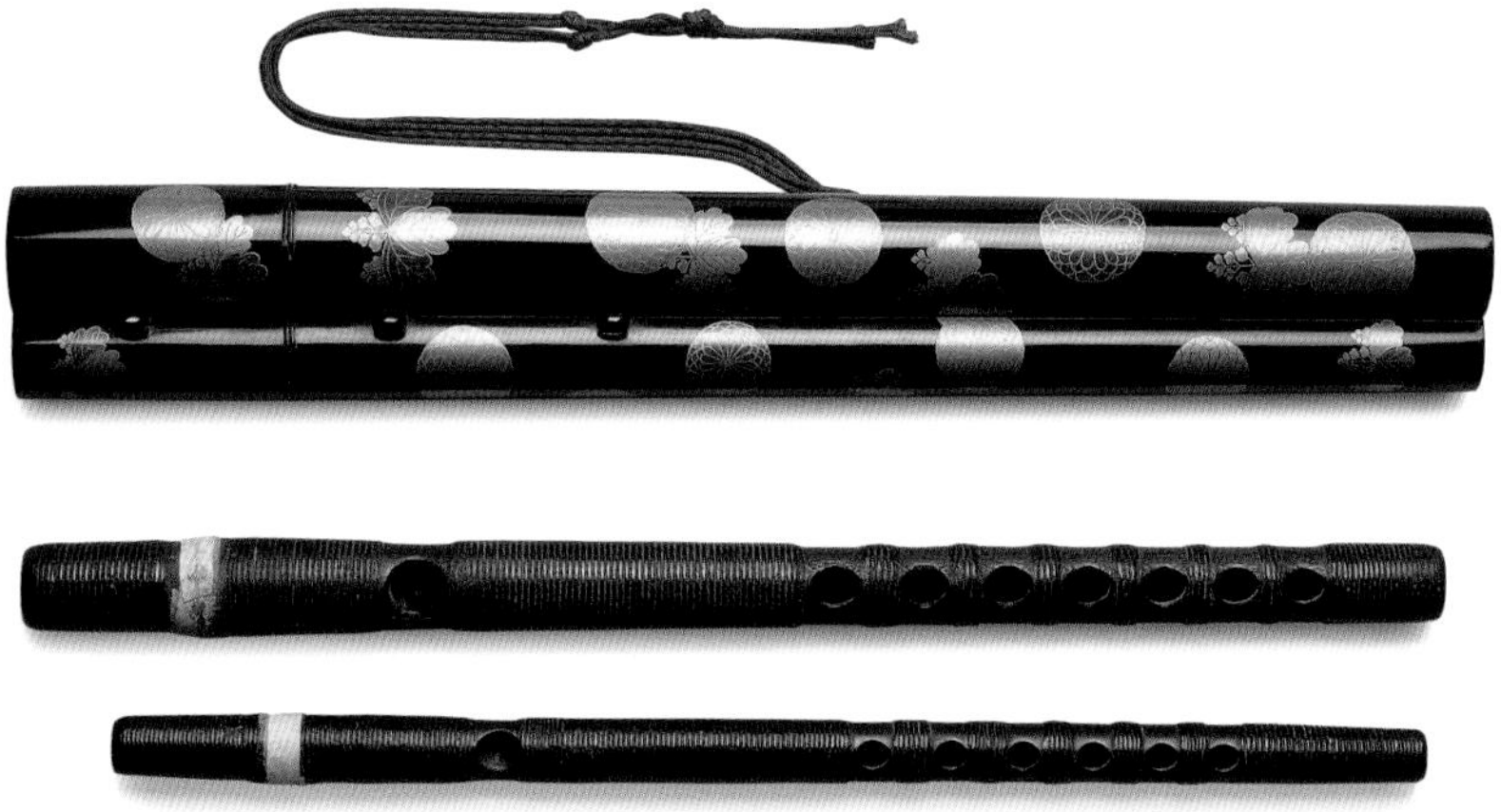

「京不見御笛」　上が横笛、下が高麗笛

を出すことができます。この十五の音を単独で演奏する場合もあります（これを一《いっ》竹《ちく》という）が、多くは、いくつかの音を組み合わせた和音を鳴らして演奏します。これを合竹《あいたけ》といい、複数の指穴を同時に押さえることで、五つあるいは六つの音を同時に鳴らします。笙は、息を吹き込んでも、吸い込んでも同じ音が鳴る楽器なので、ひとつの和音から次の和音に移るときも、指を一本ずつ動かして音を順次変えていきながら、息をうまく扱って音を途切れさせることなく演奏を続けます。笙は、左方唐楽でしか用いられない楽器です。

雅楽演奏に用いられる笛は、三種類あります。舞楽の演奏の場合は、左舞伴奏の楽用の横笛《おうてき》、右舞伴奏音楽用の高麗笛《こまぶえ》になります。このほかに、御神楽《みかぐら》で用いられる神楽笛《かぐらぶえ》があります。横笛は、龍笛とも呼ばれ、その名の通り、龍の鳴き声を模した音を出す楽器とされます。笙が天上の音を表現し、次に述べる篳篥《ひちりき》が地の音楽を奏でるとされますので、この横笛の音色は、その間をつなぐ龍の鳴き声になるのです。高麗笛は、横笛よりも小ぶりの楽器で、右方の楽の演奏に用いられます。

四天王寺には、「京不見御笛《きょうみずのおふえ》」と銘が付された横笛と高麗笛の一対の笛が伝来しています。この「京不見御笛」という名前は、かつて、天皇がこの笛を御覧になりたいと所望されたので京とへと運ばれたのですが、不思議なことに京都に着いた時点で、この笛は粉々になっていたのです。そして、四天王寺に戻ったところでたしかめてみると、その粉々になっていた笛が、もとの姿に戻っていたという不思議な出来事により、天皇がこのように銘をつけられたという言い伝えによるものです。

篳篥《ひちりき》は、小さな楽器ですが、大きな音が出ます。管の部分に、蘆舌《ろぜつ》という吹き口の部分を差し込んで演奏します。これらの横笛や篳篥は、雅楽の旋律を奏でる楽器として重要な役割をもっています。

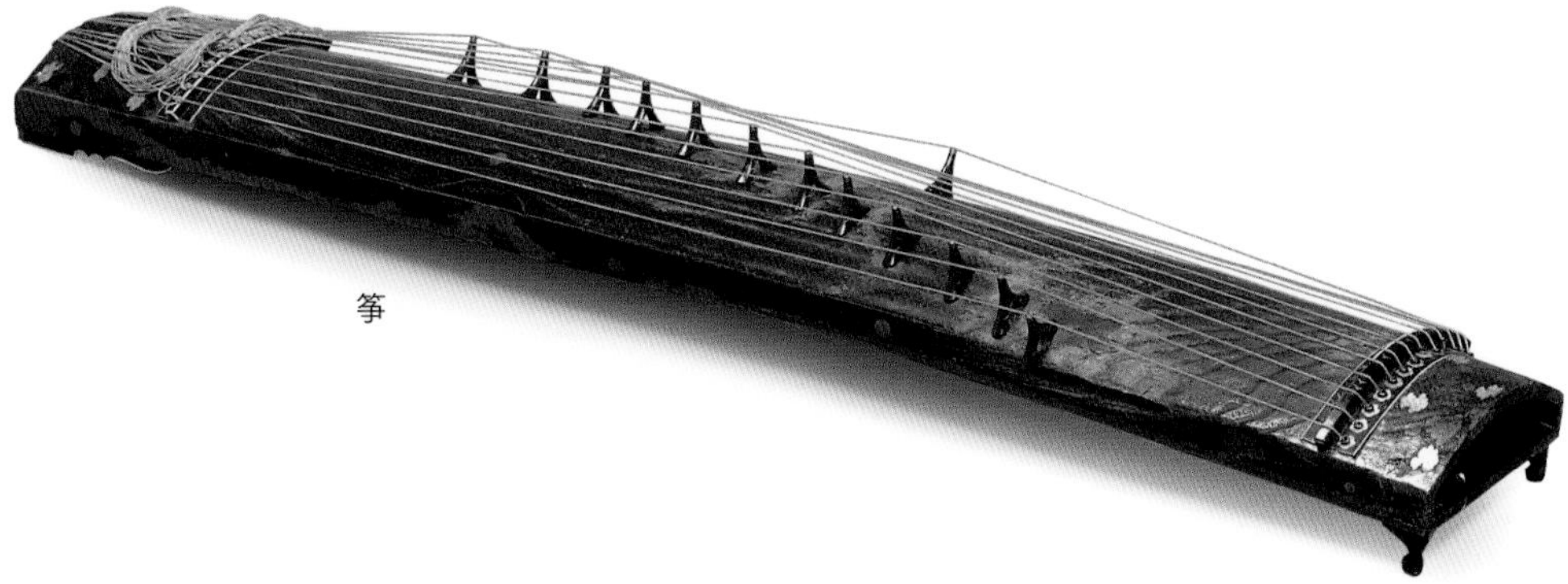
箏

琵琶

## 3　絃楽器（弾きもの）

絃楽器は、ごく例外的な場合を除いて、舞楽演奏には用いられません。ですから、聖霊会の場で目にすることはないのですが、四天王寺に所蔵される箏《そう》（写真左上）と琵琶《びわ》を、紹介しておきます。雅楽の演奏では、絃楽器は、旋律を演奏するための楽器というよりも、リズムを刻むための楽器として機能しています。

# より詳しく知りたい人のために

# 一　四天王寺における雅楽・舞楽の歴史
## ――どのようにして千四百年もの伝統が保たれたのか？

### 1　「雅楽」は難しい？

「雅楽」や「舞楽」といえば、「儀式用」の音楽、たとえば、結婚式とかお葬式、あるいは宮中の儀式などの、いずれも日常生活からはかけ離れた場面で演奏されるか、または神社や四天王寺の聖霊会《しょうりょうえ》などの大法要の場で演奏される音楽というイメージが強い。しかし、最近では、雅楽器を用いた「なごみ系」・「癒し系」の音楽も多く演奏され、こうした音楽を通じて雅楽に興味を持った人々の間で、雅楽そのものを積極的に聴こうとする人が増えているようだ。

とはいえ、実は、「雅楽」や「舞楽」と呼ばれる音楽が、古代、それも千年以上も昔に、外国から日本に伝来した音楽芸能をその源とするものであるということを知る人は意外に少ない。もちろん、これらの音楽は、永い歴史の中で、すっかり日本的に姿を変えてしまい、これらの音楽のなかに、それが伝来した当時の様子を示すものは、ごくわずかに留められているだけかもしれない。しかし、千年以上もの昔に、外国から伝来した音楽芸能の存在がなかったなら、現在のわれわれが「日本の伝統芸能」として鑑賞している「雅楽《ががく》」も「舞楽《ぶがく》」も存在し得なかったことは事実なのである。

### 2　そもそも「雅楽」とはどんな音楽なのか

多くの辞書・辞典などでは、「雅楽」というものを、次の三つに分けて説明する。

**①日本古来の音楽から発展したもの**　主に、皇室および神道の儀式で用いられる音楽である。神楽《かぐら》・東遊《あずまあそび》・倭歌《やまとうた》・大歌《おおうた》・久米歌《くめうた》・誄歌《るいか》など、主として宮廷の行事や儀式において演奏される音楽である。神楽・東遊は、神社の祭礼において演奏されることもある。音楽としては、歌が中心で、これに、歌のメロディーをなぞるような感じで楽器の伴奏がつく。この歌に舞を伴う曲目もある。これらの曲は、いくつかが組み合わせて演

奏される。和琴《わごん》・神楽笛《かぐらぶえ》・笏拍子《しゃくびょうし》など日本独自の楽器を用いるという特徴も見られる。

②**外来の楽舞**　五世紀から九世紀の間に、主に中国大陸および朝鮮半島より伝来した音楽と舞に由来するもの。インド・ベトナム地域やシルクロードを西にたどった地域から伝来した音楽や舞も含まれるが、平安時代中期以降、中国大陸より伝来した音楽を中心とする「唐楽《とうがく》」と朝鮮半島より伝来した音楽を中心とする「高麗楽《こまがく》」との二つのジャンルに整理分類された。現在では、明治の初めに制定された「明治撰定譜《めいじせんていふ》」による演奏を基本としており、演奏方法としては、楽器演奏のみを行う「管絃《かんげん》」と、この「管絃」を伴奏として舞を舞う「舞楽」の二つがある。「唐楽」ではこの二つの演奏法がともに行われるが、「高麗楽」の場合は、一般的には「舞楽」でのみ演奏される。また、四天王寺をはじめとする大きな寺院では、その寺院独自の演奏団体（これを楽《がく》所《そ》という）を保持していたため、宮内庁楽部の演奏とは多少異なる独自の演奏法や、舞楽の舞の振りなどが伝承され、その伝統が現在においても保たれている場合もある。

③**平安時代の新作歌曲**　外来の楽舞が定着した後に、平安貴族が、宮中の御遊《ぎょゆう》（皇族や貴族たちが催した音楽会で、自らも楽器の演奏や歌を歌ったりして音楽演奏に参加する）などで楽しむために作成された声楽曲。当時の民謡や俗謡を、唐楽や高麗楽の旋律にのせて歌う「催馬楽《さいばら》」と、漢詩を吟ずる「朗詠《ろうえい》」の二種類があり、いずれも楽器の伴奏がつく。「今様《いまよう》」や「歌披講《うたひこう》」なども含めて「郢曲《えいきょく》」と称された。正式には、②の管絃と組み合わせて演奏される。

と、このように説明されただけで、いや、「雅楽」とは難しいものですね、とうんざりされる様子が眼にみえるようである。ところが、実際には、「雅楽」という言葉の使われ方は、いたって単純明快なのである。というのは、今述べたような複雑な分類が必要なのは、専門知識としてであって、一般的には、「雅楽」という言葉は、多くの場合は、②の外来の楽舞およびこれらの音楽や舞を手本として日本でそれらしく作られた楽舞のことのみをさして使われることが多いのである。

そして、四天王寺において演奏されてきた「雅楽」や「舞楽」といえば、寺院という演奏環境から、この②の音楽を中心とするものであった。したがって、本書では、以下、「雅楽」という言葉を、五世紀以降、外国から伝来した音楽や舞にそのルーツを持つ楽および舞を中心とする②の分野に属する楽のことを指すものとして用いることとする。

## 3　いつ、外国から これらの楽舞が伝わったのか？

雅楽の歴史を紹介するに際して、必ず紹介されるのが『聖徳太子伝暦《しょうとくたいしでんりゃく》』にある推古天皇二十年の六一二年、百済《くだら》より味摩之《みまし》が伎楽《ぎがく》を伝えたという伝承である（口絵写真参照）。この伎楽とは、簡単に言うならば、古代に行われた仮面をかぶった芸能者のパレードとパントマイムが組み合わされた芸能である。伎楽の一部は、後の時代に舞楽として引き継がれ演じられているものもある。また、聖霊会で演じられる〈獅子〉は、この伎楽の伝統を引き継ぐものであるとされている。したがって、伎楽とは、古代に日本に伝来した外国音楽で、後に雅楽としてまとめられることになる音楽芸能の源のひとつであるといえよう。そして、後で述べるように、四天王寺における舞楽の伝統のルーツも、この伎楽伝来の記事に求めることができるとされている。

さて、ここで留意しておきたいのは、伎楽に代表されるこの時代に外国から伝来した音楽芸能は、現代の我々が音楽芸能に対して持っている意識とはかなり異なる意識のもとで、受け入れられたということである。というのは、伎楽をはじめとする古代の音楽の伝来にまつわる伝承の多くが、造園技術とともに、あるいは、仏教や医学・薬学という当時にすれば最新で最先端の知識・技術とともに伝来したと記されることから、音楽も娯楽的なものとしてではなく、これらの先進諸国の文化・知識の一部として受け入れられたことが推測できるからである。

つまり、古代においては、音楽は単なる娯楽として、たとえば、現在の我々が海外からのアーティストを受け入れているように、ただそれだけが独立して日本に伝来したのではなく、仏教・医学・薬学・建築技術・儒教、さらには占いなどの最新技術や知識とともに、これらと同類のものとして日本に伝わってきたのである。

こうした背景のもと、当時の大国であった隋《ずい》と対等な国交を結ぼうとされていた聖徳太子が、日本という国を一流国家とするための儀礼を整えるにあたって、外国から伝来した音楽を必要不可欠なものであるとされ、音楽の演奏環境を整備することによって、中国と対等に交渉できる国としての日本をアピールしようと考えられたことは理解できよう。

というのは、『聖徳太子伝暦』には、聖徳太子が「今後、仏教儀式を行う際には、必ずこの外国から伝えられた音楽を演奏するように」といわれたとする記事があり、この味摩之が伝えた伎楽を、側近の秦河勝《はたのかわかつ》の息子や縁者たちに学ばせたとされているからである。この秦河勝の子息たちが後の四天王寺で雅楽や舞楽の演奏を担当した楽家《がっけ》の祖となり、このときに伝えられた楽や舞が、現在の四天王寺に伝わる舞楽の源であると伝承されている。千四百年の伝統の始まりがここにあるのである。そして、この四天王寺において、雅楽や舞楽の演奏を担当した楽家と楽人の組織を「天王寺楽所《てんのうじがくそ》」という。

## 4　天王寺楽所とは？

繰り返しになるが、天王寺楽所《てんのうじがくそ》とは、四天王寺における雅楽と舞楽の演奏を担ってきた楽人集団のことであり、その起源は、聖徳太子の時代、推古二十（六一二）年に、百済の味摩之が伎楽を伝えたという伝承にまで、さかのぼることができるとされている。

少し詳しく紹介しよう。伎楽が伝来した時に、聖徳太子は、「この伎楽をもって三宝を供養するために、奈良の桜井に少年たちを集めて味摩之より伎楽を習わせた」とも伝えられている。また、一三一八年ごろの成立とされる『聖徳太子傳記』には、この味摩之の弟子として学んだのは、秦河勝の息子五名、孫三名、秦河満の息子二名、孫三名であると記され、さらには、「四天王寺に三十二名の伶《れい》人《じん》」、つまり楽人を置き、「毎年、大法会を行って、そこではこの舞楽をもって供養させよう」と聖徳太子がいわれたと記される。

これらの記述は、あくまで伝承の域を出ないもので、ここにいう「大法会」がすなわち聖霊会であったとはいえないし、実際に聖徳太子が三十二名の楽人を四天王寺におかれたという証拠もない。しかし、天王寺楽所の楽人たちにとっては、天王寺楽所が聖徳太子の設置された演奏家集団に由来するものであるという言い伝えこそが重要であったのであり、彼らは、自分たちは聖徳太子の命のもとで、伎楽を学んだとされる秦河勝の子孫たちの末裔であると主張することに大きな意味を見出していたのである。それ故に天王寺楽所の楽家は、秦姓、もしくは太秦姓を名乗り、後に天王寺楽所を構成する楽家が、東儀《とうぎ》・林《はやし》・薗《その》・岡《おか》の四家に分かれても、そのいずれもが秦姓あるいは太秦姓を名乗り続けたのである。

もちろん、古代において、大寺にはそれぞれに付属する音楽演奏家が置かれたことは事実であるので、四天王寺にもなんらかの形で、非常に古い時代より演奏者集団が設けられていた可能性は高い。おそらくは、七世紀半ばの孝徳天皇の難波宮の時代には、それなりの組織が形成されていたと考えられよう。が、残念なことに、記録の上に、天王寺楽所の存在や天王寺楽人の姿がはっきりと浮かんでくるのは、平安時代も十二世紀になってからのことである。それも、継続的な記録は残されておらず、史料の上には断片的にしか彼らの姿は登場しない。少々煩雑になるが、古い時代の天王寺楽所の実態を知るためには、これらの史料をここに紹介する必要があろう。

## 5　平安時代の雅楽

### (i)雅楽の日本化

その前に、ここでいったん、四天王寺から都へと視点を移そう。外来音楽が日本に伝来し、国家儀式に不可欠な要素として定着したことは、七〇一年に発布され、七〇二年に施行された大宝令《たいほうりょう》において、日本古来の儀式用音楽と外来音楽の伝習および演奏を行う機関として「雅楽寮《うたまいのつかさ》」が設置され、国家機関としての雅楽演奏に携わる部署がおかれたことからも明らかである。この雅楽寮では、外国から伝来した音楽を、もともとの国別に分けてその演奏を伝承しようとした。たとえば、伎楽に加え、中国から伝来した唐楽、そして、朝鮮半島からの音楽は、高麗楽《こまがく》・新羅《しらぎ》楽《がく》・百済楽《くだらがく》と国別に分類され、さらには、現在のベトナムあたりから伝わった音楽は林邑《りんゆう》楽《がく》、そのほかにも中国東北部東側にあった渤《ぼっ》海《かい》国の音楽である渤海楽《ぼっかいがく》など、国別に音楽が分類され、その教習、演奏が行われていた。

しかし、日本に伝来した音楽を、そのもともとの国で演奏されていた姿のままで伝承し続けるのは、かなり困難なことである。たとえば、演奏家を育成する教師の確保が必要だからといって、現代のように簡単に現地から教師を派遣してもらうわけにもいかず、また演奏に必要な楽器が壊れたからといって、簡単に代わりの楽器を取り寄せるわけにもいかない。

また、楽器の音色というものは、その楽器が作られた土地の文化を担う人々の好みに大きく影響されている。ということは、逆に言えば、古い時代の日本で演奏されていた外来音楽の中には、異国の雰囲気を色濃く残すその楽器の音色が当時の支配階級であった平安時代の貴族の好みに合わないものも含まれていた可能性もある。そのために、その楽器を用いないようにするなどの整理統合が行われ、結果的にずいぶんと雰囲気の変わってしまった音楽もあったことと思われる。

このような理由ばかりではないであろうが、八世紀においては、非常に国際色豊かであった日本の音楽環境は、九世紀の半ばごろから五十年ほどの期間に、かなり「日本的」に変わっていくことになる。その結果、外来音楽をその由来する国ごとに細分するのではなく、朝鮮半島系の音楽、高麗楽と中国大陸系の音楽、唐楽との二分類に大雑把にまとめてしまい、前者を右方、後者を左方とする左右両《さゆうりょう》部制《ぶせい》に整理するということが行われた。

そして、雅楽の演奏に使用する楽器全般についても、ほぼ現在の雅楽の演奏に使用される楽器の数へと整理統合を行い、雅楽演奏に用いられる楽器は、小規模編成に編成しなおされた。そのために、正倉院に遺されているような古代の楽器の中には、その後の雅楽演奏では用いられなくなったものがある。加えて、中国から伝来したままの複雑な音楽理論を整理して簡略化し、また、外国から伝わったままの長大な楽曲を当時の日本の実情に合わせた演奏が出来るように、編曲しなおすなどの改編も行われたようである。

### (ii) 雅楽寮から楽所へ

そして、九世紀も半ばになると、雅楽の演奏を担当するのは、律令制度のもとで作られた「雅楽寮」の音楽家ではなくなっていく。この後の時代において、雅楽演奏を担うようになるのは、宮中を警護することを任務とし、儀式には儀杖を率い、天皇の行幸には供奉・警備を担当した衛府《えふ》の下級官人が、音楽演奏も行ったことで構成された「楽人」組織である。彼ら楽人は、左右に分かれていた近衛府《このえふ》や兵衛府《ひょうえふ》、衛門府《えもんふ》などの、いわゆる六《ろく》衛府《えふ》（主に宮中の警護を行う部署で、身分の高い貴族の護衛なども行った）に属しながら、同時に「楽所」と称された雅楽演奏組織にも所属した。

当時は、公的な儀式の殆どが左右に分かれて進められていたために、雅楽も、こうした儀式の場での演奏にふさわしく左右の二つのグループに整理統合されたのであろう。というのは、このような儀式の場で雅楽を演奏する楽人たちも、左右の二つのグループに分かれて演奏することになるからである。こうして、「楽所」に所属した楽人も、左の楽である唐楽を担当する者と、右の楽である高麗楽を担当する者とに分担が定まり、結果的にそれぞれの楽を専門とする楽家を形成していった。宮中を中心とした儀式に参加した楽人は、左方は、藤原氏の氏寺でもあった興福寺に所属した奈良の楽人、右方は京都の楽人を中心に構成され、この時点では、後で述べるように四天王寺の楽人が宮中での演奏に登用されるということは、滅多になかった。

さらに、このように左方と右方に分かれたことで、儀式に伴う舞楽の上演に際しては、番舞《つがいまい》といって、左方唐楽、右方高麗楽よりそれぞれ一曲を選び出し、これをペアにするということが行われるようになる。たとえば、左方の〈陵王〉に右方の〈納曽利〉、左方の童舞（子供の舞）である〈迦陵頻〉に右方の童舞の〈胡蝶〉というように、走舞や平舞という舞容を同じくする舞や、着用される装束の種類を同じくする舞を選んで、左右で対になる舞の組み合わせが定められた。

### (iii) 貴族と雅楽演奏

また、当時の貴族たちは、『源氏物語』などを引用するまでもなく、常に雅楽の楽器である龍笛《りゅうてき》・笙《しょう》などを懐中し、居室には箏・琵琶などを置き、何かにつけこれらの楽器を奏で、あるいは催馬楽や朗詠などの当時の新作歌曲の中から、そのときの季節や情景にふさわしいものを適切に選んで唱えつつ、毎日の生活を送っていた。そして、いざ宮中での儀式ともなれば、その後の宴会や御遊で、楽器の演奏をこなす、あるいは、催馬楽などを見事に歌うということが要求されたし、儀式の場においては、舞楽を舞うということも求められることがあった。

貴族階級に属する人々にとっては、雅楽の演奏を人並み以上にこなせるだけの技量を会得し、いざ、演奏に携わった場合には、聴き手を感動させるほどの演奏が可能となる修練を積んでおくことが、半ば義務でもあった。それのみならず、雅楽にまつわる故事来歴を知識として学んでおき、こうした知識をしかるべき場でそれとなく披露できる教養の持ち主であるという事が高く評価された（〈納蘇利〉の項で紹介した藤原公任のように）。

このような状況の中、貴族の中から、雅楽演奏を趣味や娯楽としてではなく、その家において伝承すべき芸としてこれを専門とする家が発生する。雅楽演奏を専門とする楽人の家とは別に、たとえば琵琶は西園寺《さいおんじ》家・伏見宮家・今出川家、箏と和琴は四辻《よつつじ》家、歌いものは綾小路家・持明院家などが、儀式において必要な演奏を担当すると同時に、その芸を独占的に伝承する貴族の家として、明治初期までの雅楽の歴史上、独自の地位を占めるようになる。また、こうした楽を専門とする家の関係者以外からも、貴族階級の中からは、源博雅《みなもとのひろまさ》（九一八～九八〇）や藤原師長《ふじわらのもろなが》（一一三八～九二）などのすぐれた雅楽演奏者が輩出し、彼らの伝説めいた雅楽演奏にまつわる逸話も多く残されている。

## 6　平安時代末までの天王寺楽所

### (i)寺家伶人

こうした状況の中、平安時代の天王寺楽所の楽人たちは、どのように行動していたのであろうか。先にも述べたように、実は、この時代においては、まだまだ断片的な記事しか伝わらないために、天王寺楽人たちについては不明な点が多いのである。というのは、この時代、京都と奈良の楽人たちは、公的行事にも出仕していたために記録にも登場し、楽家としての流れも把握できるのであるが、四天王寺の楽人については、都での活躍の場が与えられていなかったが故に、継続的な記録が存在しないからである。

断片的な記録の中でしばしば引用されるのは、宇治左大臣藤原頼長《ふじわらのよりなが》の日記である『台《たい》記《き》』に残された記事である。この『台記』には、鳥羽法皇が四天王寺を何回か参詣された折の記事が残されているが、久安二（一一四六）年と同四（一一四八）年には、四天王寺での法要などで楽人が舞楽を演じたという記事が残されている。

頼長は、彼ら四天王寺楽人のことを「寺家《じけ》伶人《れいじん》」と記している。「伶人」とは、音楽演奏を職務として行うプロの演奏家のことであり、近衛府などに属して宮中や公家が主催する儀式などでの音楽演奏を担当した京都や奈良の楽人についてもこうした用語が用いられている。しかし、このようにあえて「寺家伶人」、つまり「四天王寺付きの楽人」と記された天王寺楽人とは、どのような立場の人々であったのだろうか。

### (ii)京都と奈良の楽人の態度

この『台記』の記事より少し前の時代のことである。同じく貴族の日記である『長秋《ちょうしゅう》記《き》』によると、一一一九（元永二）年十月七日、内裏北面において舞御覧《まいごらん》が行われたが、このときに〈採桑老〉を秦公定《はたのきみさだ》が舞ったとする記録がある。秦という姓、またこの時代に天王寺楽人が名乗ったとされる「公」という名乗字《なのりじ》により、秦公定は天王寺楽人であったと思われるが、そのことは、以下の記事からもあきらかである。

それは、この秦公定が舞った〈採桑老〉の番舞《つがいまい》となる〈林賀《りんが》〉を続いて舞うことについて、「天王寺舞荅舞不勤仕事也」として、「舞人たちが」、四天王寺の楽人の舞った舞のペアになる舞を舞うことを拒否したという記事が『長秋記』には記されていることである。この『長秋記』でいう「舞人」というのは、右方の楽を担当した京都方の楽人のことである。この京都方の楽人と、左方を担当した奈良の楽人たちは、禁裏での雅楽や舞楽の演奏に従事していた楽人たちであり、そうした立場にある音楽家が、天王寺楽人の舞とペアになる「荅舞」なぞ舞えませんと拒否したのである。このことは、京都と奈良の楽人たちが、四天王寺の楽人と自分たちとは「格が違う」と考えていた、あるいは少なくとも一緒に仕事をする仲間ではないとみなしていたということを示している。

さて、この日は、この〈採桑老〉の舞の前に、〈秋風楽〉以下三番《つがい》、六曲の舞楽が舞われているが、これらはいずれも奈良と京都の楽人によって舞われたものである。続いて、〈採桑老〉が天王寺楽人の秦公定によって舞われ、この番舞として〈林賀〉が組まれたのであるが、京都方の楽人のクレームは受け入れられず、結局は、〈林賀〉を京都方が舞った後、〈蘇莫者《そまくしゃ》〉・〈崑崙八仙《こんろんはっせん》〉・〈皇帝《おうだい》〉・〈胡《こ》徳楽《とくらく》〉の四曲が天王寺舞人によって舞われている。

ところで、〈採桑老〉以外のこの四曲の舞楽、〈蘇莫者〉・〈崑崙八仙〉・〈皇帝〉・〈胡徳楽〉のうち、〈皇帝〉は正しくは〈皇帝破陣《おうだいはじん》楽《らく》〉であり、現在では廃絶曲となっている舞楽であるが、これ以外の舞楽はいずれも、かつては「天王寺独自の演奏法」があったと伝えられる舞楽である。つまり、この日の舞御覧には、常にはこうした行事に参加しない天王寺方の楽人が、おそらく、これらの舞をその独自の演出によって演じることで帝や貴族たちを楽しませるべく、京都と奈良の楽人に加わって参加していたのであろう。

しかし、このことは、京都および奈良方の楽人、つまり、普段より禁裏での雅楽演奏に携わっていた大内楽人たちにとっては、「自分たちとは異なる演奏で、かつ、どちらかというとお下品な演奏を行う楽人」とともに出演しなければならないという不愉快な出来事であったらしいことが示されているのである。まさに、「寺家伶人」とは、どのような立場の楽人であったのかを示す記事である。

### (iii)天王寺楽人の舞の特徴

ところで、この四天王寺に独特とされる舞であるが、それは、どのようなものであったのであろうか。たとえば、〈採桑老〉には、

「洟《はな》をかむ手」という舞の振りがあり、それは天王寺楽所に独特の演出に由来するという。しかし、この〈採桑老〉の舞は、十一世紀の初めに、京都方の多好茂《おおのよししげ》が、天王寺楽人の秦《はたの》公信《きみのぶ》に伝えたとされている。となると、京都から伝わった舞に、四天王寺でしか舞わない手があるわけであるから、もともとの京都での舞には無かった演出が、天王寺楽所で新たに付け加えられたということになる。さらに、天王寺楽所では、〈胡徳楽《ことくらく》〉を演じるのに、舞人が酔った様子を表現する部分で、あちらこちらとふらふら歩き回る様子を、非常に大げさに表現する振りがあるとする記録もある。

　こうしてみると、天王寺方が演じた舞楽というのは、かなりリアルな物真似や人物描写を含むものであったと推測される。それは、かつて聖徳太子が非常に高く評価された伎楽に含まれていた「物まね芸」的な要素を引き継ぐ芸態であり、四天王寺に伝承された舞楽が、古代芸能の伎楽の雰囲気を、他所で演じられた舞楽よりも、多少なりとも色濃く残した舞楽であったことを推測させるものであるといえる。

　四天王寺のように、都から適度に離れた距離にあった寺院において演じられる芸能ならではの古い時代の舞楽の雰囲気を伝える伝統が保たれていたのであろう。しかし、その雰囲気は、都での、貴族の趣味に合わせた演奏に携わっていた京都や奈良の楽人たちにとっては、許しがたいものがあったのかもしれない。天王寺の楽人たちは、天永元（一一一〇）年から弘長二（一二六二）年までの期間の禁裏への楽人登用の記録である『楽所補任《がくそぶにん》』を見る限りでは、誰一人として正式に禁裏楽人として採用された記事がないのである。

## ⅳ伝統を守った天王寺楽人

　ところが、皮肉なことに、一一三一年には、〈採桑老〉を、この天王寺楽人の秦公定（公貞とも）に、京都の楽人である多近方《おおのちかかた》が習うことになる。というのは、この舞を京都で伝承してきた多家の資忠《すけただ》が、一一〇〇年に殺されてしまった後、京都ではこの舞を伝える楽人が存在しなったために、天皇の命により、天王寺方より習うことになったのである。このように、四天王寺の舞楽は、「特殊なもの」とみなされていたかもしれないが、天王寺楽人の技量とその伝統は、都の貴族も一目おくもので、いざとなれば、四天王寺に伝わる舞楽の伝統があるから大丈夫とされていたのである。

　また、〈蘇莫者〉についても、一般には、役の行者が大峯山で笛を吹くと、これを愛でて山の神が出てきて舞を舞った様子を舞としたという伝承が伝えられるが、四天王寺では、聖徳太子が河内の亀の瀬（大和川の浅瀬）を通るときに馬上で古代尺八（正倉院にも所蔵される古代の縦笛・現在の邦楽で用いられる尺八とは別種の楽器）を吹かれると、これを愛でて信貴山の神が舞った様子であるとする聖徳太子にまつわる伝承が法隆寺に伝えられていたことを受けてか、〈蘇莫者〉の演奏に際しては、聖徳太子になぞらえられた笛の奏者を舞台脇に立たせる。

　天王寺楽人の間で聖徳太子への信仰を具体的に示す例はさほど見出されていないが、たとえば、江戸時代では、元服した楽家の子弟は聖徳太子の御霊をおまつりする聖霊院《しょうりょういん》に詣でることとされていたことや、秘曲伝授の際には聖徳太子の絵像の軸をかけ、その前で伝授を行うなどの記事も残されることから、天王寺楽人の聖徳太子への信仰心も雅楽の伝統を守る上では、重要な要素となっていたことも見落とせない。

## 7 中世の天王寺楽所

さて、再び古い時代にもどろう。中世の天王寺楽所は、どうなったのであろうか。この時代においても、まだまだ不明な点も多いのであるが、一三世紀になると、『吉野吉水院《よしのきっすいいん》楽書《がくしょ》』に聖霊会の記録が残されており、すでにこの時代には聖霊会が執り行われていたらしいことがわかる。さらに、『明月記《めいげつき》』（藤原定家の日記）の一二二五年の記録にも、聖霊会に関する記事があり、四天王寺の聖霊会が、都の人々の興味を引くものになっていたことが推測される。

また、一二三三年に編纂された『教訓抄』（奈良の楽人狛近真により、古来の楽曲、楽器の由来や奏法について記した初めての総合的な音楽書）の中に、「天王寺舞人」として、「薗四郎公広ト云モノ」とする記述があり、この時代には、すでに薗家が存在し、名乗字の広を用いていたらしきことがわかる。この『教訓抄』には、しばしば天王寺の楽についての言及がみられ、そのことは、この時代においても、四天王寺にあっては舞楽の伝統がしっかりと保持されていたことを示すものとなっている。

十四世紀の前半にまとめられたとされる吉田兼好の『徒然草《つれづれぐさ》』の中には、「何事も辺土は卑しく、頑なれども、天王寺の舞楽のみ、都に恥じず」とする記事（二百二十段）が残されている。ここでも、四天王寺では、中世においても舞楽法要の伝統が保たれ続け、その有様が、都の人々の興味を引く存在であり続けたことがうかがわれるのである。

この時代においては、天王寺楽人たちが、高野山天野社・法隆寺・龍田宮・長谷寺・矢田寺などでも、舞楽を演じていたらしいことが記録に残されている。こうした天王寺楽人たちの活動を伝える記録の中で、一四一六（応永二十三）年五月三日の『看聞御記《かんもんぎょき》』（伏見宮貞成親王の日記）の記録は注目すべきものであろう。そこには、「宇治橋の供養が有った」と記され、その供養の様子は、「導師西大寺長老。衆僧三千四十人あまり。南都北京近国律僧など参集したとのことだ」と記されている。そして、「童舞三番天王寺伶人之を舞う」とある。

さて、この日の法要では、童舞以外に舞楽はなかったのだろうか？　なぜ、その童舞を天王寺の伶人が舞っているのか？「法会の儀厳重」と記録されているからには、雅楽の演奏もあったのではと思われるが、そうなると、この地域に近い場所に居住していたと思われる南都の楽人や京都の楽人はどうしていたのか？と、この簡単な記録から、さまざまな疑問が生じてくる。しかし、その疑問に答える記録は残されていない。とはいえ、この宇治橋の完成を祝う式典には、遠路はるばる天王寺楽人が出向き、そして、童舞を舞ったということがわかるのである。

不思議なことに、この時代の天王寺楽人たちの四天王寺以外の場所での舞楽上演の記録を追っていくと、そのほとんどが童舞、つまり、少年が舞う舞に関する記録ばかりなのである。その原因は、単に天王寺楽人が童舞を得意にしたということではなく、この時代の少年が演じる芸能への愛好の強さということも考慮に入れなければならないであろう。当時流行の田楽《でんがく》や猿楽《さるがく》（いずれも、現在の能の前身の芸能）においても少年が活躍した様子に同様のことが舞楽の世界にもあったのだろうか。しかし、こうした時代のニーズに応じて、四天王寺の境内を離れた場所においても舞楽を演じる機会を逃さなかった天王寺楽人たちのしたたかさを感じさせる記録でもある。

さらには、一四二一（応永二十八）年に、京都の楽人であった多家の久乙父子三人が死去したことによる「採桑老秘曲断絶」という事態に際しても、この〈採桑老〉の伝統が四天王寺の楽人によって保持されていたことによって、これを京都方の楽人に再び伝えたこと、一四四一（嘉吉元）年二月十九日には、右舞人忠右が死刑になったため〈胡飲酒〉の舞を伝える者がいなくなったが、天王寺にこの舞が伝承されているので、断絶したわけではないと記される記事などがある。天王寺楽人たちは、正式に宮中での舞の演奏を担当する楽人として登用されたことは無かったものの、都の人々の意識においては、その存在は、古い伝統をよく保つ演奏者として認識されていたらしいということが分かる。十五世紀の後半になると、天王寺楽人が淡路島で舞楽を演じた記録や広島の厳島社の楽人に舞楽を伝授するなどの記録があり、地方での舞楽伝承を支える力にもなっていたことが明らかである。

このように、天王寺楽所の楽人は、宮中に正式に召されることは無かったものの、舞楽の伝統を支える重要な柱の一本として認識されていたのであるが、この、いわば脇柱が非常に重要な役割を果たす、つまり大黒柱へと取って代わるのが、応仁の乱（一四六七〜七七）によって京都の楽人が四散した際の舞楽復興の時代においてである。いわゆる「天正《てんしょう》の楽道《がくどう》取《と》り立《た》て」によって、天王寺楽人が正式に大内に登用され、宮中での演奏を担うようになるのだ。

## 8　「三方楽所」の成立と天王寺楽所

では、いつ頃、天王寺楽人が大内に登用されたのかということであるが、史料などから推測する限りでは、天正五年か六年の頃、一五七〇年代の後半であろう。おそらく、実際にはもう少し早い時期から、宮中での演奏に携わっていたものと思われるが、おおむねこの時期から、「三方楽所《さんぽうがくそ》」、つまり、京都・奈良（南都）のそれまで宮中での演奏活動をおこなっていた楽人たちに加え、天王寺（大坂）の三地域、すなわち三方の楽人による楽所が成立したと推測される。以後、明治三年、一八七〇年以降、楽人たちが東京に移されるまでの三百年にわたって、この三地域の楽人たちにより、宮中を始めとする公的な行事での雅楽・舞楽の演奏が行われる。雅楽、舞楽は、すでに述べたように、左右に分かれて演奏されるが、三方楽所では、左方は奈良、右方は京都と天王寺の楽人が演奏を担当することとなる。

とはいうものの、四天王寺においても、法要の場における雅楽・舞楽演奏の伝統は絶やすわけにはいかない。そこで、天王寺楽所の楽人たちは、宮中を中心とした儀式などでの演奏を担当する「在京」、つまり、「京都住まい」の楽家と、天王寺に在住して、四天王寺を中心とする演奏活動に従事する「在天」の楽家とに別れて、それぞれの任務を遂行することとなる。「在京」の楽人たちも、四天王寺において聖霊会や常楽会などの大法会が執り行われる時には、責任者であった楽奉行

（公家の四辻家が勤めた）の許可を得て、京都を離れ、大坂に下ってきてこれらの法要に参加した。また、宮中での舞楽を伴う行事には、大坂在住の楽人も、京都に上ってこれに参加した。

三方楽所の中では、右方のみを担当する天王寺楽所であったが、四天王寺においては、左右の両方のレパートリーをこなす必要があった。したがって、公的の場での雅楽演奏では右方の楽のみを担当した天王寺方の楽人たちであったが、四天王寺を中心とする天王寺楽所としての演奏活動のなかでは、左方を担当する岡家、薗家、東儀家、右方を担当する東儀家、林家に分かれて、天王寺方としての左方の楽の伝統も守ったのである。この時代の四天王寺では、年間十四回もの舞楽を伴う法要が執り行われており、そのうち、二月十五日の常楽会、二月二十二日の聖霊会、三月三日の経供養会、九月十五日の念仏会は、数多くの舞楽が奉納される大舞楽法要であった。これらの大法会以外の舞楽法要については、大坂在住の楽人たちは、六人ずつの当番制を組んで出仕していたようである。それ以外にも、住吉大社や近在の寺社で舞楽を奉納することもあった。

江戸時代における天王寺楽所の動きについては、楽人たちの残した日記が残されているので、かなり詳しい状況がわかっている。特に、京都での活動ということでは、同じく右方を担当した京都方の楽人をもしのぐ活躍ぶりが伝えられており、家の芸ともされた〈還《げん》城楽《じょうらく》〉・〈貴徳《きとく》〉・〈納曽利《なそり》〉などの舞を舞う権利をめぐって、京都の楽人と争ったり、天王寺楽所の楽家内でも争ったりとそれぞれの楽人が芸道に鎬を削った様子が記録されている。これらの記録を見る限りでは、三方楽所のなかで、新規参入の天王寺楽人が差別されている様子は全くなかったと述べたいところであるが、宮中での御神楽《みかぐら》を奉仕するために、東儀家の中の一家が、天王寺方の秦姓から京都楽人の姓であった安倍姓へと姓の変更を求められていることなどは、かつての差別の名残として看過できないものである。

また、江戸時代になると、僧侶や神職の中に職務として雅楽を学ぶもの、さらには富農層や裕福な商人階級の中から修養のひとつとして雅楽を習うものが増えてきたため、楽人たちは、こうした人々の雅楽指導にも従事することとなり、いわば「雅楽のお稽古のお師匠さん」としての側面も持つようになった。雅楽を嗜む人々は、天王寺楽人が関わった例だけ見ても、松前から長崎までという、非常に広い地域に拡がっていた。

すでに述べたように、この時代には、天王寺楽所の楽家は、東儀、林、薗、岡の四家に分かれ、それぞれの家がさらに分家をするなどして、かなりの人数の楽人が活躍していた。とはいうものの、聖霊会では不可欠の〈迦《か》陵頻《りょうびん》〉や〈胡蝶《こちょう》〉を舞う男児の舞人が、恒常的に不足していたらしく、舞童が一人だけ、あるいは「舞はなく、楽のみを演奏した」という状況が数多く記録されている。その結果として、楽家の間では、天王寺方の範囲にとどまらず、京都や奈良の楽家をも含んで、頻繁に、養子縁組が行われた。また、江戸城内に設けられた徳川家康を祀る紅葉山での奏楽を担当する紅葉山楽人《もみじやまがくにん》として、江戸へ下って活躍した天王寺楽人もいた。

## 9 明治以降の天王寺楽所
### ——雅亮会へと引き継がれた伝統

明治三年になると、三方楽所の楽人たち

は、東京に召され以後は東京での演奏活動に従事することになる。こうした楽人の移動と明治初期の混乱の中で、四天王寺における舞楽法要も一時断絶することとなる。当時の西本願寺宗主大谷光尊師は、こうした状況を嘆かれ、舞楽《ぶがく》四箇《しか》法要《ほうよう》の再興を強く願われて、大阪木津願泉寺《がんせんじ》の住職であった小野玄龍師を仲介者として四天王寺に強く働きかけられた。その結果、明治十二（一八七九）年には、古式そのままの聖霊会が再興されるにいたった。

　この明治十二年の聖霊会の記録によると、法要に出仕した楽人のほとんどは薗・林・岡・東儀の姓を持つ旧天王寺楽所の楽人であったことが分かる。旧楽人の中には、もともと大坂に在住し、禁裏とのつながりがそれほど強くなかったためか仕官せず大阪にとどまった人、あるいは、仕官しても、結局は大阪に戻った人がいた。さらに、江戸時代後半には、浄土真宗系の寺院での雅楽教習と法要での演奏が広く行われており、こうした寺院関係者と楽所楽人たちが、深い関係にあったことも影響したのであろう。

　明治はじめの聖霊会断絶を受けて、明治十二年の聖霊会再興に至るまでの関係者のご苦労、そしてその後、現在に至るまで、この聖霊会法要の楽と舞の演奏を担っておられる雅亮会の活動については、すでに『雅亮会百年史』などに詳しく紹介されているので、ここで繰り返すことはしないが、同書に当時の四天王寺管長であられた出口常順猊下が寄せられた賀辞の一部を紹介したいと思う。

「併し御維新後明治五年《ママ》（正しくは三年）に楽人は宮内庁に召されて東上した為に、千三百年来の四天王寺伝統の聖霊会舞楽法要も、廃絶せざるを得なかったのであります。聖霊院も幕末文久三年に火災の為に焼失しましたが、朝廷から白銀二百枚の御下賜も有り、明治初期の住職洞松実戒中教正の努力によって、明治十二年三月十一日に落慶遷座法要が各宗派の協賛の上に執行されました。特に西本願寺宗主光尊（明如上人）は舞楽声明を嗜まれ、聖霊会舞楽法要の廃絶を憂いて、聖霊院慶祝の為に石舞台の舞楽法要を奉納されました。四天王寺往古より不退の聖霊会舞楽法要は、曼珠沙華の紅花鮮やかに十年振りに大太鼓が響き、舞人が笙の音に合わせて、春風に袖を靡かせたのであります。

　西本願寺宗主の熱意に感激した門末寺院の祐光寺の楽人森正心師父子と、木津願泉寺の小野樟蔭師等は明治十七年三月三十日に雅亮会を結成して、最初の舞楽法要が古式の通りに石舞台上に華々しく再興されました。小野樟蔭師は練習所を木津の願泉寺の自坊に移し、多くの同好の士や練習生を集め、御息、摂龍師、御孫、功龍師と父祖三代に亘って、寺務の外は舞楽研究を実習訓練に心血を注がれて、四天王寺伝来の秦姓の舞楽口伝を会得され、伶人町の楽人の古来の技を願泉寺に継承されました。戦争又は四天王寺災害による不能の場合の外は、毎年の聖霊会舞楽をはじめ、経供養等の大法会には進んで奉仕されています。」

　そして、さらに二十年以上の年月を重ね、雅亮会《がりょうかい》は、すでに百二十年以上の歴史を重ねられるに至った。現理事長小野功龍師のもと、雅亮会会員の皆さんは、かつてに同じく、現在においても、秦姓《はたせい》の舞を継承される努力を積み重ねられ、聖霊会をはじめとする四天王寺の舞楽法要における天王寺舞楽の伝統を保持されている。

# 二　天王寺楽所楽家の物語

## 1　四つの家

「四天王寺における舞楽の歴史」の部分で詳しく述べたように、四天王寺における雅楽、舞楽の演奏を担当した天王寺楽所の楽家は、聖徳太子の重臣秦河勝を祖先と仰ぐ人々であった。それゆえに、長らく「秦姓《はたせい》」、あるいは「太秦姓《うずまさせい》」を名乗ったらしく、古くは「秦公定」などの名前が伝わっている。

いつの頃からかは明確ではないものの、この秦姓を名乗った楽人たちは、東儀《とうぎ》、林《はやし》、薗《その》、岡《おか》の四家に分かれたが、それでも、秦姓あるいは太秦姓を名乗り続け、たとえば、江戸時代の後半になっても、林家の林廣胖《ひろとも》（「ひろとよ」とも）が「太秦廣胖宿禰《うずまさひろとものすくね》」と名乗り、東《とう》儀《ぎ》文均《ふみなり》も「近江守太秦文均《おうみのかみうずまさふみなり》」とした例を始め、ほとんどの天王寺楽所楽人は、署名には、秦あるいは太秦の姓を記している。

この四つの家にあって、東儀家は、秦河勝の四男の家筋とされ、篳篥《ひちりき》、笛に右舞と左舞を担当した。薗家は、秦河勝の次男の家筋であると主張し、主に笙、左舞、琵琶を担当した。林家は、秦河勝の三男の家筋で、笙、琵琶に右舞を担当し、岡家は、秦河勝の八男の家筋で、笛および左舞を担当した。

安土桃山時代、十六世紀も後半になると、いわゆる三方楽所《さんぽうがくそ》のひとつとして、天王寺楽所の楽人たちも、宮中に召されて雅楽や舞楽の演奏を行うようになる。天王寺楽所の楽人たちは、宮中では、京都の楽人と共に、右方の楽を担当することになった。左方の楽は、奈良の楽人が担当した。さらに、当時のことであるから、大坂に住まいしていたのでは、京都でのお役目に何かと不都合ということで、天王寺楽所の楽家は、京都住まいの「在京楽家」と大坂天王寺住まいの「在天楽家」に分かれることとなる。大阪在住の天王寺楽人たちの住まいした地域の名残として、大阪市天王寺区には、伶人町《れいじんちょう》とする地名が現在でも残っている。もっとも、彼ら天王寺楽人の全員がこの地に居住していたのは、江戸時代の初期までで、その後は、現在の大阪市内の他の地域に居を移した楽家もあった。

江戸時代の記録によれば、東儀家は六家に

分かれていたが、このうち、四家が京都に在住し、内の一つは宮中での御神楽を演奏するために「安倍姓」を名乗る家となった。また、この安倍姓の東儀家の分家から、さらに薗家を継ぐ家系が発生し、こちらは大坂在住となる。大坂在住の東儀家は二家であった。

同様に、林家は三家に分かれ、そのうち本家を含む二家が京都、残りの一家が大坂在住となる。薗家も三家に分かれるが、このいずれもが京都住まいとなり、江戸時代初期には、薗家は、四天王寺での通常の雅楽演奏の場からは離れた時期もあったようである。しかし、その後、東儀家の中から父親が早世したために母方の薗家で養育された縁で、東儀の苗字を廃して薗姓を名乗る家が生じて、これが大坂在住の薗家となり、元禄四（一六九一）年以降は、再び天王寺楽所の四家が、四天王寺での大法要以外の雅楽演奏にも揃って参加することとなった。また、岡家も三家に分かれるが、このうち二家が大坂、残りの一家が京都住まいであった。

もちろん、これらの四つの家の楽家の中では、それぞれの家の中の一家が一時的に分家をしたり、その分家がまた別の系統の家を継いだりするという複雑な推移があった。たとえば、岡家も時代によっては、四家になったりしているので、ここに説明したように単純には整理できないものの、概ねの様子を説明すると以上のようになる。さらに、同苗、他苗、つまり、同じ苗字の楽家や、苗字を異にする楽家の間での養子縁組、さらには、京都や奈良の楽家との養子縁組も頻繁に行われたので、縁戚関係までも視野にいれると、これらの楽家の血縁関係などは、非常に複雑なものとなっている。

さらに事を複雑とするのは、すでに述べたように、宮中や江戸幕府の公的行事では、天王寺楽所は、三方楽所の中一方として右方の楽を担当するが、四天王寺や大坂近辺での寺社の行事では、天王寺楽所の楽人だけで、左右の両方の楽を担当したということである。天王寺楽所のメンバーは、楽については左右双方の楽を、舞についても、左方の舞を担当する家は、公的な場では右舞も演じる必要があったために、左右の両方の舞を習得しなければいけなかったわけである。天王寺楽所としては、左方の舞は、東儀、薗、岡の家が担当し、右方の舞は、林と東儀の家がこれを担当した。したがって、宮中での行事には、天王寺楽所の楽家は、楽の担当者としては等しく参加できたが、舞に関しては、日常的に右舞を担当する家が優先となる上に、見所のある舞として注目される「走舞」の舞人は、この右方の舞の家から出すことになっていた。

そこで発生するのが、以下に取り上げるような右方の舞をめぐる楽家間の対立である。というのは、この時代、常には大坂に在住する楽人も含めて行われる宮中行事をはじめとする公的行事といえば、舞楽を伴うものであった。宮中などでの舞楽を伴わない行事や儀式は、京都在住の楽人でこれを担当するということになっていたのであるが、このことは、常には京都での活躍の場が与えられていない大坂在住の天王寺楽人で、右舞を担当する家の楽人にとっては、この舞を伴う宮中を中心とした公的行事で「舞人」としての参加資格を獲得するということが、その面子の上からも重要な事項となったということを意味する。それも、複数の舞人で舞う「平舞」ではなく、一人もしくは二人で舞う「走舞」の舞人として参加する立場は、何をさておいても確保すべきものと意識されていた。

となると、その舞をめぐっての対立は、天王寺楽所の中で右舞を担当する東儀家と林家との間で、特に、〈納曽利《なそり》〉、〈貴徳《きとく》〉などの「走舞」の演奏権利をめぐってのものとなることは当然の結果である。つまり、これらの「走舞」の舞人をどちらの家から出すのか、そのことによってこれらの舞を、「我が家の舞」とすべく、楽人たちは丁々発止とやりあったのである。

## 2 納曽利の舞をめぐる物語

〈陵王《りょうおう》〉と〈納曽利《なそり》〉の舞は、〈万歳楽《まんざいらく》〉・〈延喜楽《えんぎらく》〉の番舞《つがいまい》とあわせて、江戸時代末まで、四天王寺において年間十四回も執り行われていた舞楽法要において、必ず舞われる舞楽であった。そして、すでに説明したように、天王寺楽所の中で右舞を担当したのは、林家と東儀家であった。また、東儀家は左舞も担当したので、林家にすれば面白くない状況になることが懸念されていた。というのは、油断をすれば、左方の〈陵王〉、右方の〈納曽利〉、この舞の家としての面子をかけた「走舞」を舞う権利が、両方ともに東儀家の舞人に取られてしまう可能性がないとは言い切れなかったのである。したがって、林家の側では〈納曽利〉を舞う権利の確保には、非常に神経質になっていた。

そこへ、一大事が起こる。毎年恒例の宮中の正月行事として行われた「舞御覧」という天皇もお出ましになる晴れの舞台で〈納曽利〉を舞うことは林家代々の舞人の名誉であったのに、突然、子供の舞の「童舞」仕立てで、東儀家から舞人を出すということが起こった。この時代は、「童舞」であれば、家柄に関係なく、それにふさわしい年齢の子供が舞うというしきたりになっていた。東儀家にすれば、当時、林家が独占していた〈納曽利〉を舞う権利を、東儀家の側に取り戻す第一歩として、まずは「童舞」での実績を積もうとしたのであろう。貞享元年、一六八四年のことである。

毎年正月の十七日に定まっていた舞御覧の直前の十四日になって、東儀家がこのように「童舞」での上演を申し出たからには、すでに関係者への根回しがあったのであろうか、林家もこの時は、不満ながらも「堪忍」してこれを認め、この年の舞御覧での〈納曽利〉は、東儀兼陳と林廣音の二人の「童舞」となった。

この勢いで、東儀家は、翌二月に四天王寺で執り行われる舞楽大法会、二月十五日の涅槃会と二十二日の聖霊会においても、〈納曽利〉を同じく両家の子供による「童舞」で舞うべしと、林家に迫る。涅槃会ではこれを拒否したものの、その後、在京の楽人も多く下ってくる聖霊会ではこれを認めざるを得なかったのか、この年の聖霊会での〈納曽利〉は、舞御覧に同じく東儀兼陳を加えての東儀、林両家の「童舞」となる。この例をもって、東儀家からは、これからは〈納曽利〉の舞は、林家と東儀家の双方の舞にするべきであるとの申し出があるが、林家は、これを受け付けない。

結局、この両家の揉め事は、当時の楽奉行の元での裁判となり、結論としては、「宮中での行事では林家の舞とする。もし林家の舞人に不都合があれば、東儀家が代役を務める。江戸での行事は、そのときのメンバーでどちらが勤めてもよい。四天王寺では、林家と東儀家が交代で舞うこと。ただし、東儀家は、三年に一度舞うこととする」と決定された。

林家とすれば悔しかったことであろう。以後しばらくの間、何かにつけ、天王寺楽所の中で、この両家は対立することになる。

さらに気の毒なのは、京都方の多《おおの》家である。この多家も、もともとは右方の舞の家であったが、三方楽所成立以降、天王寺方の勢力に押され気味で、すっかり舞の家としての存在感が薄くなっていた。そこへ加えて、宮中では、〈納曽利〉は林家の舞とするとされたので、以後、舞の家としての出番を完全に失ってしまうことになる。多家は、あわてて異議申し立てを行ったが、もう結審した後だからとのことで、その申し立ては却下され、以後は、多家には、宮中行事での〈納曽利〉を演じる機会は与えられなかった。

## 3　納曽利の舞をめぐるその後

そして、四十年ほどの後、この問題が再燃することとなる。享保十年から享保十二年、一七二五年から一七二七年にかけて、再び東儀家は、宮中行事での〈納曽利〉を舞う権利が、東儀家にもあるはずだと主張し、これを認めてほしいとの願書を楽奉行に提出する。そこに、多家も加わり、再び京都の楽人にも〈納曽利〉を舞う権利を認めてほしいと事は三つ巴になる。結果は、近衛関白家よりの申し渡しという形で、「宮中では林家の舞とし、林家に何か不都合があれば楽所の関係者で協議して誰が舞うのか決めること、その他の〈抜《ば》頭《とう》〉や〈還城楽《げんじょうらく》〉などの家の舞についても、この〈納曽利〉の例にしたがい、師匠役となっている家が最優先で舞うべし」ということになる。こうして、再び、〈納曽利〉は、宮中では林家の舞とされた。

ところが、元文六（寛保元）年、一七四一年の舞御覧では、〈納曽利〉の舞人が東儀家に仰せ付けられると言う事件が起こる。林家にしても、舞御覧の直前になって、楽奉行より申し渡されたことなので、これは承諾せざるを得なかった。が、やはり納得できない林家は、願書を出して、宮中では、〈納曽利〉は林家の舞と決まっているので、これを尊重されたいと主張する。これに対して、楽奉行四辻家は、「いや、今年は単に見てみたいな、ということで東儀家に命じただけらしいから」という雰囲気のなんとも無責任であいまいな回答を行い、これ以上事を荒立てるなという。その背景には、後に述べるように、享保八年、一七二三年に、宮中行事での〈貴《き》徳《とく》〉の舞については、林家と東儀家から、舞人を交互に出すようにと定められたことがあるのではないだろうか。

一方、四天王寺においては、聖霊会、涅槃会（常楽会ともいう）、念仏会のいわゆる三大会では、林家は、〈納曽利〉の舞を舞う権利を、三年に一度東儀家に譲ることとされた決まりが長年踏襲されたが、江戸時代も後半になると、東儀家が〈納曽利〉を舞うのは、このうちの聖霊会のみになっていく。その理由は定かではない。また、東儀家が聖霊会で舞う年にあたっても、何か不都合があれば、東儀家は、あっさりと、「今年も、林家でどうぞ」という雰囲気になっていく。それは、〈納曽利〉を舞うのは、東儀家であれば誰でも良いというわけではなく、在京の東儀家に限られていたということも影響しているのであろう。それに対して、林家の側ではその埋め合わせの場を律儀に提供したらしく、記録の上では、この三年に一度のはずの東儀家よりの舞人の登場が、少々不規則になる時代があるが、長期間にわたって調べてみると、結果的には、林家の二回に対し、東儀家の一回という割合が保たれている。

かつては、昨年は東儀家の順番であったが事情があって舞えなかったのだから、今年はその埋め合わせとして、東儀家に順番を回してくれ、と東儀家から申し立てれば、いや、それは東儀家の勝手なので、今年も順番通り林家が舞うのだ、と林家が言い返してもめた時代があったことを思うと、江戸時代の後期になると、舞を舞う権利に対する意識がずいぶんと変化したことがわかる。

とはいえ、「童舞」として舞う以外には宮中でこの舞を舞う機会がないということは、東儀家の舞人が、〈納曽利〉の舞を舞う機会は、三年に一度の聖霊会での場だけであったわけである。そのような舞でも、「家の舞」としてこれを絶やさないように伝承し続けた楽家の心意気こそが、千四百年もの舞楽の歴史を支えた要因であったことが理解されよう。

## 4　貴徳の舞をめぐって

〈貴徳《きとく》〉も右方の走舞である。したがって、この舞を舞うのは、林家と東儀家の舞人である。しかし、江戸時代の記録を見る限りでは、聖霊会では、常に林家の舞人が舞い、東儀家から舞人が出たのは、ただ一度のみである。〈貴徳〉は、林家の舞人であれば、在京、在天を問わず、誰でも舞うことが出来たようであるから、それだけこの舞を舞うことが出来る楽人も多かったのであろう。それでも、明和七年、一七七〇年の聖霊会には、林家の舞人に不都合があるとのことで、東儀兼豊が舞ったのが、聖霊会において東儀家が〈貴徳〉を舞った唯一の例である。

では、なぜ、普段は舞わない〈貴徳〉の舞を、このとき東儀家の舞人が舞うことができたのだろうか。実は、享保八年、一七二三年の記録に、その答えがある。この年の聖霊会で役を決めるときに、東儀兼佐が、昨年より、宮中での〈貴徳〉の舞人は、東儀家と林家から交互に出すことになったではないか。だから、聖霊会でも林家の独占とせずに、同じように、両家から交互に舞人を出すべきだ、と主張している。つまり、宮中行事における舞楽については、〈納曽利〉では林家の主張が認められ、東儀家の参入はならなかったものの、〈貴徳〉に関しては、東儀家の主張が認められ、舞人を出すことが出来ることとなっていたようなのである。

したがって、以後、〈貴徳〉の舞が、宮中で演じられる際には、林家と東儀家が交互で担当することになったのであるから、たとえ、東儀家には、四天王寺での〈貴徳〉の出番がなかったとしても、宮中での出仕に備えて大切に伝承すべき舞とされていたために、急遽四天王寺の聖霊会で舞うことがあっても対応できたのである。

さて、享保八年にお話を戻そう。この時の東儀家からの主張に対し、林家は、宮中と四天王寺は別である。宮中での決まりごとが、他のすべてにわたって適用されるものでもなかろうと、取り合わない。が、どうもこの時期、天王寺楽所の内部では、「林家」対「その他の家」という対立構造があったようで、林家以外の楽家からは、「なぜ東儀家に舞わせないのか」という意見が出されたようである。しかし、聖霊会は翌日にせまっており、ここでとやかく議論している時間はない。そこで、楽所の長老が介入して、「もう今年は、〈貴徳〉の舞は舞わないでおこう。そうすれば、とりあえずはうまく収まるから」となったが、その結果として、〈貴徳〉の番舞《つがいまい》である〈散手〉の舞も中止となった。

さらに、間の悪いことに、左の舞で、これも東儀家が舞人を独占していた〈還城楽〉の舞が、この年は、舞人となる楽人が不在のために取りやめになる。この〈還城楽〉の番舞は、やはり、林家が独占していた〈抜頭《ばとう》〉の舞である。林家にすれば、〈貴徳〉を舞わない以上、この〈抜頭〉だけでも舞おうとするが、あいにくその〈抜頭〉の舞は、舞は右方であるが、楽は左方が演奏するというややこしいものであった。

ところで、聖霊会で左方の楽を担当する楽家は、林家以外の楽人がそのほとんどを占めていた。〈貴徳〉の舞の事件や、その他のことで、林家に対して穏やかではない心情を持つ楽人たちである。左方の中心となっていた東儀家が「走舞」を取りやめた以上、林家だけに栄えある「走舞」を舞わすわけがない。そこで、左方の楽人は、「いいよ、〈抜頭〉を舞いたいのであれば、好きにすれば。でも、左方の側では〈抜頭〉の楽は演奏してやらないから。」という態度にでる。伴奏の楽がなければ、舞楽は舞えない。そこで、この享保八年の聖霊会は、〈散手〉、〈貴徳〉、〈還城楽〉に加えて、〈抜頭〉も舞わないこととなり、都合四曲の「走舞」が舞われないままとなった。

翌享保九年には、東儀家から、今年の〈貴徳〉は林家で舞うがよろしい、でも来年は東儀家が舞うので、そのつもりでとする一方的な伝言があり、それに対して、林家は昨年同様に、禁裏と四天王寺は別である、という回答を行う。その次の年、享保十年には、今年こそ東儀家が舞う番であるが、あいにく林家側の長老である京都在住の林廣国が、聖霊会には下向しないとのことであったので、東儀家からは、とやかく要求を出しても、どうせ林家としては結論は出せないだろうから、この件は後ほど京都で話し合うのでとして、今年も林家に舞うことを認めるという申し出でがある。

しかし、これと同時進行で、東儀家は、〈貴徳〉に同じく〈納曽利〉の舞も宮中で舞う権利を認めてほしいという願い出を、京都の楽奉行四辻家に対して行っていたので、林家からも、反論文書を楽奉行に提出することになる。享保十二年になって、この事件は、〈納曽利〉は、「従前に同じ宮中では林家の舞とする」という近衛関白の申し渡しにより決着を見ることになる。これにより、〈貴徳〉の舞を四天王寺で舞うことについても、東儀家は諦めたのか、あるいは宮中のみで舞えればよしとしたのか、以後は、四天王寺の聖霊会において、〈貴徳〉を舞わせろとする主張を行わなくなる。その結果として、四天王寺においては、〈貴徳〉は林家の舞として定着するが、最初に述べたように、一度だけ東儀家が舞うことがあったのである。

## 5 「京不見御笛」当役をめぐって

「京不見御笛」というのは、左方で用いる龍笛と右方で用いる高麗笛との二管を対にしてまとめて呼ぶ名称である。まずは、なぜ、この笛が「京不見御笛」という名称なのかを説明しよう。

天王寺楽所楽人であった岡昌名が編纂した『新撰楽道類聚大全《しんせんがくどうるいじゅうたいぜん》』（一七四九年ごろ成立か）には、この笛は聖徳太子の御作で、後花園院の時代に、これをご覧になりたいとのことで、京都まで運んだところ、箱の中でいつのまにかばらばらになっていた。ところが、四天王寺に戻ってくると、この笛は、自然と元の形に戻っていた。このことを聞かれた天皇が感激されて、「京不見」と名付けられたものであるという伝承が記されている。

こうした伝説の真偽はともかく、この笛を演奏することは、聖徳太子を篤く信仰していた天王寺楽所の楽人にとっては大きな意味を持つものであり、また聖霊会も、この笛なしでは成り立たないものであった。というのは、〈蘇利古《そりこ》〉、〈獅子〉、そして、文政十三（一八三〇）年に再興された〈蘇莫者《そまくしゃ》〉の舞においては、必ずこの笛で楽を演奏することとされていたからである。そして、この笛の演奏者を「京不見御笛当役《きょうみずのおふえとうやく》」という。

しかし、不思議なことに、十七世紀の半ばから一七三五年までという数十年間、聖霊会においてこの笛の役は、天王寺楽所の楽人ではなく、京都方の山井《やまのい》家の楽人が京都から下ってきて演奏していた。このことが、天王寺方の笛の家、岡家と東儀家の楽人たちには我慢がならなかったようである。

事が表立ってくるのは、元禄十六（一七〇三）年のことである。この年の聖霊会には、それまで欠かさず下向していた山井《やまのい》家より、山井景村の参加がなかった。その理由は、「廣真が疱瘡のため」という。廣真といえば、林家の子弟である。その廣真が疱瘡のために、景村が下向できないとは、いささか理解しがたいところがある。

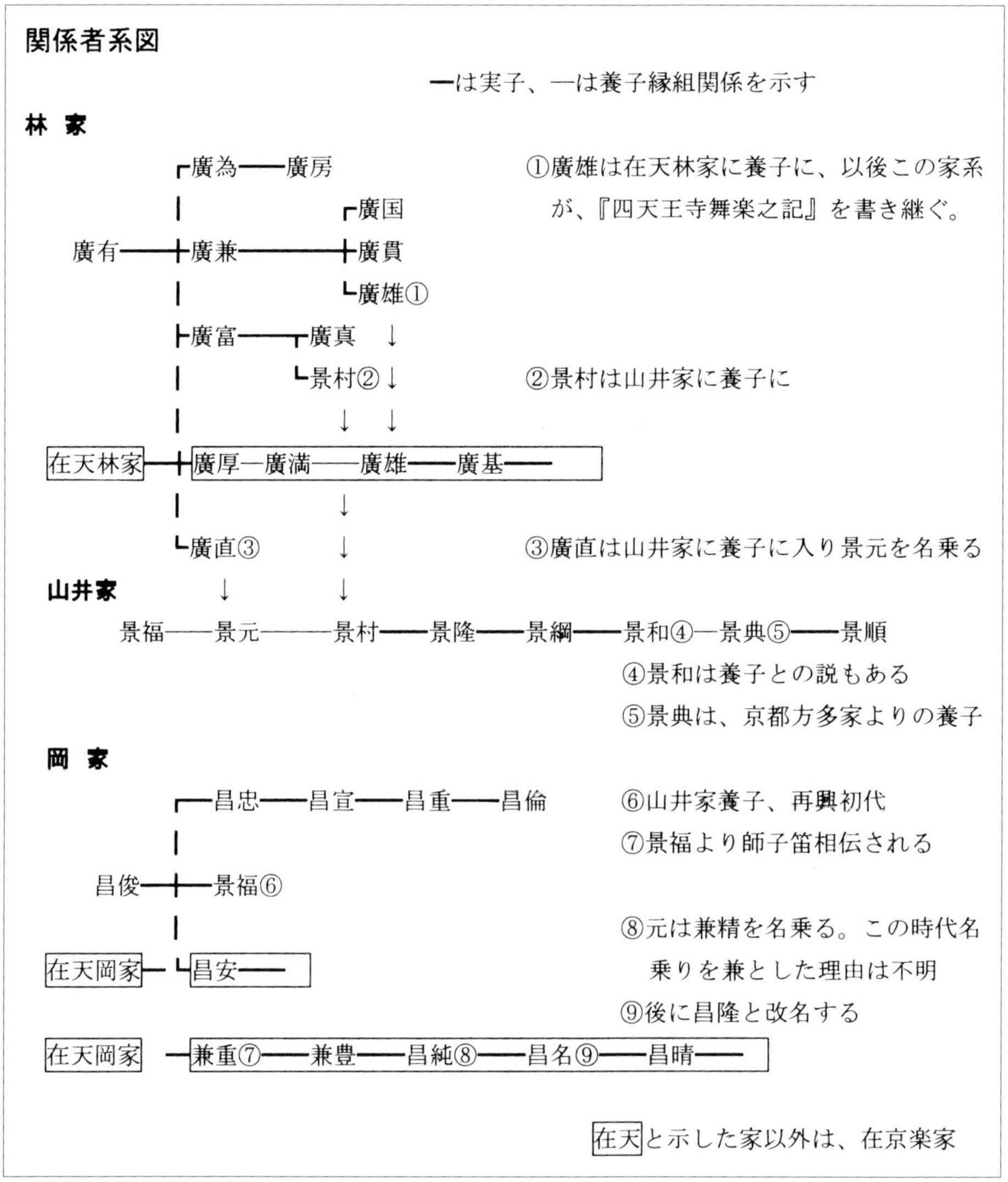

そこで、まず、この山井家の系図を整理してみよう。記録によれば、山井家が聖霊会の右方笛頭として参加するようになったのは、山井景福の時からという。実は、この景福は、天王寺楽人の岡昌歳の息子である。山井景福については、芝祐泰氏の作成された系図には、「新に御取立て」とあり、山井景長が天正十四（一五八六）年に没した後、断絶したままになっていた山井家を再興するために、天王寺方で山井家に同じく笛を担当していた岡家より養子に入ったものであろう。

その景福の跡を継いだのが、元の林廣直、天王寺方林家より養子に入った景元である。この景元は、林廣直、廣兼、廣富、廣厚らの兄弟であり、また、景元の跡を取るのが、廣富の息子で、この人が景村となる。以後、景村の子孫が代々継ぐ事になる。したがって、山井景村にとって、林廣真は実家の兄弟であり、その兄弟の疱瘡（当時は死にいたる病であった）のために四天王寺の聖霊会を欠席したということが理解されると、この記録は不自然なものではなくなるのである。

が、この年、山井景村が聖霊会に不参加となったために、右方の笛頭は、岡昌方が勤めることになる。数十年ぶりに、「京不見御笛」を、天王寺方の楽人が演奏することになったのである。思えば、再興された山井家は、岡家から養子に出た楽人によってなされたのであるし、その頃は、まだ、京都の楽家の方が、天王寺の楽家よりも位が高いとされたのであろうか、山井家が、右方笛頭となり、「京不見御笛」を担当するのは、悔しいが致し方ないことと、岡家の楽人は諦めていたのであろう。

が、いざ、岡家の楽人が演奏したとなると、「なぜ、今までこの権利を主張しなかったのだろう」という疑問が頭をもたげてくる。ましてや、景村は若造である。そこで、宝永三（一七〇六）年には、右方の楽人に対して、右方の笛担当者の補助要員として左方より楽人を派遣するが、その楽人は、景村よりも楽所の中での序列が高いので、当然、笛頭《おんどう》（笛担当のトップ奏者）となり、「京不見御笛」を担当することになるのでそのつもりでいるように、と言う申し出でが天王寺方左方楽人よりある。しかし、景村の後ろには、天王寺楽所の中で力のあった林家が控えている。当然、「いや、そんなことは認められない」という右方、すなわち林家勢力と、「いや、認めろ」という左方すなわち、岡家そして東儀家および薗家という対立が起こる。

そもそも、「京不見御笛」は、聖霊会の前日に、右方の笛頭が、四天王寺よりこれを受け取り、一晩預かったのち、これを携えて聖霊会に出仕するということになっていた。したがって、この争論の決着がつかなければ、右方の笛頭も決まらないので、四天王寺に「京不見御笛」を受け取りに行くことも出来ない。夜になって、景村は、四天王寺の責任者、一舎利の元へ出かけ、こうした事情を説明し、止むを得ないことなので、今年は「京不見御笛」を受け取ることが出来ない旨の断りを入れる。こうして、この年は、聖霊会に不可欠のはずの「京不見御笛」が出ないままの聖霊会となった。

## 6 「京不見御笛」当役のその後

さて、宝永五（一七〇八）年の記録によると、この翌年の宝永四年にも、相変わらず揉めている様子を見て、四天王寺が景村に笛を渡すことを決断したらしい。そこで、聖霊会の後、京都で話し合いが持たれ、東儀季益が間に立って、山井家が永年この笛の演奏を担当してきたことはもっともであるが、三年に一度は、左方の笛演奏者、つまり、岡家や東儀家の楽人にも演奏させようということになっていたらしい。さきの〈納曽利〉の例に従ったものであろうか。

したがって、宝永五年の聖霊会の前日二月二十一日には、当然の権利として岡家の笛演奏者が「京不見御笛」を受け取りに行ったところ、四天王寺側は、この問題がはっきりと決着がつくまでは、山井景村に御笛を渡すことするという。これを聞いて収まらないのは岡家の連中である。なぜ、聖徳太子ゆかりの「秦姓《はたせい》」の演奏者にこの笛を渡さないのか、四天王寺は、山井家を贔屓しているなどと言い出したが、四天王寺側は、頑として山井家に渡すという。そこで、岡家は、そういうことであれば、「秦姓」の笛演奏者は、ストライキを起こして聖霊会に不参加とする、と、騒ぎはどんどんエスカレートしていく。これに困った四天王寺側は、それならば、どちらにも「京不見御笛」を渡さないと決断し、この年も、再び「京不見御笛」が用いられない聖霊会となる。

翌宝永六年はどうしたものか、「京不見御笛」に関する記録は残されていないが、収まらない岡家は、この年三月に、天王寺楽所の楽人に対し、①山井家がすでに二代に渡り「京不見御笛」を担当していたからといって、三代目の景村が、何の断りもなく、この役を相続しているのはおかしいし、今や京都方と天王寺方は対等の扱いを受けているのに、なぜ、天王寺方でこの「京不見御笛」が担当できないのか。②大体、山井家は、京都の楽人であって、我々のように聖徳太子の譜代の御家来ではないではないか。③そもそも、山井家がなぜ、天王寺の右方楽人として聖霊会に参加するのか、その理由も明確ではない、などの内容を記した、今でいうならば「公開質問状」を提出する。

この問題の決着を見ないまま、この年には、日光東照宮での雅楽演奏の御用があり、楽所楽人は日光にむけて下向することになる。この時代、日光は、四天王寺の御本山とされていたので、この件についても、日光の御門主に裁定を願うこととする。結果は、山井家に今まで通り任せることとなり、岡家および東儀家にとっては、残念な結果となる。以後、聖霊会における「京不見御笛」の役は、景村、そして嫡子景隆へと引き継がれる。

ところが、享保七（一七二二）年、聖霊会の始まらんとする時に、突然岡昌名が、右方装束を着用して姿を現し、自分が右方の笛頭、すなわち、「京不見御笛」を担当するという。岡昌名といえば、当時の天王寺楽所の重鎮であり、雅楽研究の大家。景村の跡をついで景隆のような若造が、「京不見御笛」を演奏することが許せなかったのであろう。しかし、山井家には、日光御門主の裁定という強みがある。景隆は、これをきっぱりと断ったらしく、この時点ですでに右方装束を着用していた昌名は、そのままでは、本来の左方の列に加わって行道に参加することも出来ず、かといって、右の列で景隆の後ろに付くなどとんでもないこととばかりに、悔しい思いをしながら、聖霊会の開始部分での行道には参加せずに直接楽屋へと向かったようである。

この事件の後、天王寺楽所の笛演奏者は実力行使にでる。この時代の聖霊会においては、楽を演奏する楽人は、左方と右方の間で、必要な人数を融通しあって演奏上の負担に偏りがないように協力していたようであるが、「京不見御笛」の当役を譲らないのであれば、今後は、左方から右方の笛の補助要員を出さないという態度をとったのだ。翌享保八（一七二三）年のことである。これは、若い景隆には、つらい仕打ちであったことであろう。

それが堪えたというわけでもないであろうが、享保二十（一七三五）年の聖霊会には、景隆が京都から下向しないという。四天王寺の側では、また問題噴出かとばかりに、左方の岡昌方、右方の林廣雄を呼んで、「京不見御笛」をどうするのか確認する。結果としては、岡家の昌名が右方笛頭を勤めることになるが、最初は、左方として笛を受け取って、あくまで左方の笛頭として演奏すると主張する。ここで、岡家の楽人が、右方笛頭として「京不見御笛」当役を担当するとなると、次の年には、また景隆のもとにその役が戻ってしまうという懸念があったのであろう。しかし、「京不見御笛」は、永年右方の笛頭がこれを受け取るというしきたりになっていたので、楽所一同の説得のもと、最終的には、昌名は、右方笛頭としてこれを勤めることになる。

しかし、ここから事態は急変する。というのは、その次の年、享保二十一年にも景隆は下向しない。そこで、京都で、再び関係者協議が持たれ、享保二十一年以降は、聖霊会の右方笛頭は、山井家と岡家が隔年で担当するということに決まった。が、その翌年元文二（一七三七）年にも景隆は下向しない。そこで、この年は、東儀家から笛頭が出る。以後、山井家に代わり東儀家が笛頭を担当し、「京不見御笛」は、岡家と東儀家がこれを担当することになる。この時点で、やっと、「京不見御笛」当役を天王寺楽人が勤めることになったわけである。

が、山井家も諦めたわけではない。元文四（一七三九）年には、笛頭は東儀家が担当しているが、山井景隆の息子、景綱が舞人として聖霊会に参加している。十二歳で、聖霊会には初参加、童舞を舞うという。以後、聖霊会の右方笛頭については、記録がない年もありはっきりしない部分もあるが、岡家、東儀家、山井家の三家が担当し、この三家で交代しつつ「京不見御笛」を演奏したらしい。ただし、文政十三（一八三〇）年に、〈蘇莫者《そまくしゃ》〉が再興された際の笛の役については何も記載がなく、「京不見御笛」当役が演奏するとされていた太子役の笛の奏者に関しては、どのようになっていたのかは不明である。江戸時代の記録で残されているのが林家の記録であるため、このあたりは、笛に関わりの薄かった林家にはさして重要なことではなかったのか、この〈蘇莫者〉が、林家に関係ない左の舞であったためか、〈蘇莫者〉の再興の経緯そのものすら、林家の記録には残されていない。

山井家は、明治初年まで、その年の聖霊会では「京不見御笛」を担当しないときでも、可能な限り京都より下向して聖霊会に参加したらしい。江戸末期の記録においても、山井家は四天王寺からの給与にあたるものを受け取っており、明治三年に現在の宮内庁楽部のもととなる組織ができるまでは、天王寺方の流れを汲む楽家としての扱いを受けていたようである。

# おわりに

　現在の聖霊会から過去の時代へ、そして再び現在へと、この書を最後までお読みいただいた方は、時空をめぐるしく移動する「旅」を経験されて、大変お疲れのことでしょう。一言でいえば、千四百年の歴史、しかし、その歴史は、雅楽・舞楽を演奏することを、いわば使命のようにとらえ、その伝統を絶やすまいとする想いとともに生きていた天王寺楽所の楽人たち、一人ひとりの人生の上に成り立つものなのです。そして、彼ら楽人たちを支えてきた家族の苦労と心意気の上にも……。

　天王寺楽所の一家である東儀家の東儀文均の日記『楽所日記』によると、江戸時代後半の楽人としての生活は、楽道の修練と演奏活動のみならず、雅楽の師匠としても、後進を育てるほか、楽人以外の素人のお弟子さんも自宅でお稽古し、地方へと出稽古に出張し、場合によっては、お弟子さんを長期間下宿させてお稽古をつけるなど、かなり多忙を極めていたようです。さらにはこうした素人のお弟子さんとのお付き合いや、プライベートな部分での楽人同士を含めた関係者とのお付き合いも活発だったことが分かります。

　そうなると、このような東儀文均の生活を、陰で支えていた奥様の御苦労はいかばかりかと偲ばれます。と同時に、こうした生活の中で早世した子供を別としても、三人もの男児および三名の女児に恵まれ、これらの男児を文均が養子に入った東儀家の跡取りとするのみならず、文均の実家である奈良の楽家芝家に養子に入れ、絶家となっていた一家を再興させ、さらには同じく奈良の楽家久保家にまで養子に入れるべく立派に育てた良妻賢母ぶりにも感心させられます。こうした記録の上にはなかなか示されることのない楽人の家族の努力、これにも雅楽・舞楽の永い歴史を支えた要素として、敬意を表したいと思います。

　さて、天王寺楽所の楽人たちにとって、四天王寺という環境で楽を演奏することは、仏の世界の音楽を再現することであり、その演奏は仏および聖徳太子への奉納演奏であるという意識は、そのアイデンティティーを支える大きな要因だったことでしょう。安土桃山時代以降、いわゆる三方楽所の楽人となり、京都および奈良の楽人とともに宮中および江戸幕府関係の場での演奏という任務が新たに加わったとしても、四天王寺においても雅楽や舞楽を演奏することによって、自分たちのルーツを確認し、聖徳太子の重臣であった秦河勝の末裔であるという伝承を確認する機会には恵まれ続けていたのです。やはり、天王寺の楽人ならでは、とする意識や矜持は、この四天王寺の境内での舞楽法要に出仕することで保たれ、これが、古来の天王寺舞楽の伝統を守る力となったのです。

　この天王寺楽所独自の立場およびその伝承をめぐっては、すでにご紹介したものの他にも、興味深いお話がまだまだあります。こうした中で私が特に面白いと思うのは、『今昔物語集』に収められている次のようなお話です。後一条天皇（在位一〇一六～一〇三六）の時代、種合《くさあわせ》という、草花の立派さを貴族たちが左右の組に分かれて競う行事が行なわれました。これと合わせて、競馬《くらべうま》という、やはり左右に分かれて、現在の速さを競う競馬とは少々違う、騎乗の技術を競う要素が強い勝負事も行なわれました。

　ところが、この行事で、まだ正式な勝負が付かないうちに、右方の舞人、多好茂《おおのよしもち》が、勝負舞（このような左右に分かれての勝負事では、その勝敗に合わせて左方の舞か右方の舞が演じられることになっていました）の〈納蘇利〉の舞を舞い始めたのです。そこで、関白藤原頼通《よりみち》が、「まだ勝負はついていないのに、ちょっと待て」と命じたのを、自分を捕えるように命令されたと誤解した好茂は、〈納蘇利〉の舞人装束のまま、馬に乗って逃げ出します。

　どこまで逃げたのかについて『今昔物語集』は述べていませんが、『教訓抄』では、四天王寺まで逃げたとしています。そして、好茂は、そのまま天王寺に居ついて、四天王寺の楽人に、例の〈採桑楽〉を伝授したのだとされています。何かこのような不都合が生じた場合、天王寺の楽人のもとへ隠れていれば、都からの追手の追及を逃れることが出来たのでしょうか？

　そうなると、記録には残っていなくても、京都や奈良から、天王寺へと下ってきた楽人は、他にもいたのかもしれません。天王寺の楽人は、こうした人々を受け入れ、かつ学ぶべきことを学び、自らの芸の高める機会とするだけの度量の持ち主であったといえましょう。さらに、一一四四年の記録にも、やはり京都の楽人であった行貞という人物が、「このごろ天王寺に居住して、四天王寺の楽人たちと付き合っている」という理由で、大内の楽所から追放されたというものがあるのです。当時、四天王寺楽人は、禁裏での雅楽演奏に携わる人々とは身分が異なるとされており、彼らとの交流を保てば、このような制裁を受けるとわかっていたのに、なぜ、この人は、四天王寺楽人とお付き合いをしていたのでしょう。

　そういえば、『平家物語』の源行家の最後を描く場面にも、天王寺楽人が登場します。行家の落ち延びた先が、天王寺の谷の楽頭兼春と秦六秦七とされる楽人のもとであったのですが、なぜ行家がこの場所に潜んでいたかというと、兼春のふたりの娘が、行家の思い人であったからとされています。平重衡をなぐさめた千手の前のように、この娘たちも楽器をすばらしく奏でたのでしょうか。先の行貞さんも、恋人が天王寺楽人の娘さんであったのかもしれませんね。

　さて、明治維新にともなって、天王寺楽所の楽家の人々も、東京へと住まいを移し、現在の宮内庁楽部の前身にあたる組織で、西洋音楽も含めての音楽演奏を担当することになりました。その際に、こうした天王寺楽所ならでは、という独自の伝承は、かなり薄められてしまったとされています。それでも天王寺楽家の血筋を引き継ぐ方々が、宮内庁の楽部にはいらっしゃいますので、今でも、秘かに、その伝統は生き続けていることを信じています。

もっとも、江戸時代においては、「三方及第」という楽人の実技試験が行なわれていました。この実技試験は、雅楽演奏の一定以上の技術を保持するためのシステムとして機能しており、受験者は、定められた雅楽曲を演奏し、その技量を先輩楽人に判定されるのです。そこでの公平さを保つために、採点にあたっては、天王寺の楽人は、京都と奈良の楽人について採点するというように、採点担当者は、自分が所属する楽所以外の受験生に対して評価を下すことになっていました。

このことから、この時点で、すでに、それぞれの地域の独自性とは別に、三方楽所としてのそれぞれの楽曲のあるべき演奏の形が出来上がっていたとも推測できます。ですから、それぞれの楽家の独自の演奏というのは、江戸時代になると、雅楽の曲ではなく、舞楽のほうに色濃く残されることになっていたのではないでしょうか。とはいえ、天王寺楽人の場合は、四天王寺の舞楽法要で、自分たちだけで演奏する機会もありましたから、この場でしか、つまり天王寺方でしか演奏しない演奏法を保持することが可能だったのです。

現在、日本三大舞台のひとつの、四天王寺六時堂前の石舞台上で、「天王寺舞楽」という名称のもとに、秦姓の舞の伝統を引き継ぐ舞を舞うのは、雅亮会の舞人たちです。この雅亮会の歴史も、すでに百二十年を迎えようとしています。天王寺楽所の千年以上の伝統を現在に引き継ぎ、天王寺舞楽ならではの舞の技が、この後も、永遠に伝承されていくことを願ってやみません。

本書の舞楽の曲目解説の部分は、かつて『四天王寺』誌に連載した文章をもとに作成していますが、その写真につきましては連載時の写真ではなく、新たに四天王寺所蔵の写真を添えることにしました。この部分をふくめ、ほとんどの写真の提供を四天王寺にお願いいたしましたが、その整理および新規の撮影などにあたり、沖宏治様および四天王寺勧学部文化財係の柏原様、吉村様には、大変お世話になりました。さらには、四天王寺管長出口順得猊下および天王寺楽家にゆかりの元宮内庁楽部元主席楽長の東儀俊美先生にも原稿を頂戴いたしました。筆者として、これに勝る喜びはありません。また、住吉大社、雅亮会、阪田收氏にも、写真のご提供をいただきました。ご協力に感謝いたします。

東方出版の今東成人社長には、かなり以前から、出版をすすめてくださり原稿を催促してくださったにもかかわらず、筆者の怠慢でなかなか作業が進まず、本書の刊行は『四天王寺』誌連載が終了してから随分と時間を経てからのこととなってしまいました。この間、さまざまな無理をお願いしたにもかかわらず、筆者のイメージ通りの書籍に仕上げてくださいましたことに、篤く御礼申し上げます。

二〇〇八年二月

南谷美保

より詳しく知るための書籍

雅楽・舞楽全般に関して

『雅楽への招待』小学館（一九九九年）
『雅楽一具』東京書籍（二〇〇二年）
別冊太陽『雅楽』平凡社（二〇〇四年）
『楽家類聚』東京書籍（二〇〇六年）
『図説　雅楽入門事典』柏書房（二〇〇六年）
『雅楽を知る事典』東京堂出版（二〇一三年）
『雅楽事典　新装版』里文出版（二〇一九年）
『雅楽のひみつ　見かた・楽しみかたがわかる本
伝統の和楽器超入門』メイツ出版（二〇二一年）

特に天王寺楽所に関して

『天王寺舞楽』講談社（一九七八年）
『雅亮会百年史』雅亮会（一九八三年）
『四天王寺舞楽之記』清文堂（一九九三年）
『天王寺楽所史料』清文堂（一九九五年）
『雅亮会百年史（増補改訂版）』雅亮会（二〇〇八年）

# 「聖霊会の舞楽」所用具の修理と新調について―伝統を引き継ぐための努力―

『四天王寺聖霊会の舞楽』の初版が発行されてから、十数年が経過しました。その間に、序文をいただいた出口順得猊下、そして東儀俊美先生も仏様の世界に入られました。そして、聖霊会の舞楽にも、新たな要素が加わっています。

四天王寺においては、二〇一九年度から、聖徳太子千四百年の御聖忌事業の一環として、文化庁からの助成もうけながら、「重要無形民俗文化財『聖霊会の舞楽』所用具修理新調事業」に取り組んできました。今回の重版にあたり、そうした表から見えない「聖霊会の舞楽」を支える取り組みと努力のごく一部をご紹介したいと思います。

四天王寺の「聖霊会の舞楽」は、重要無形民俗文化財に指定されています。聖霊会の舞楽、つまり、その舞と舞のために必要な用具や楽などを伝承するために、四天王寺の関係者とともに、その伝承団体である雅亮会の皆さんも、大変な努力を重ねておられます。ここでは、「聖霊会の舞楽」の伝統を支えるもう一つの要素、舞楽に用いられるさまざまな、そして、数多くの所用具をいかに保存し、かつ、実際の演奏での使用に耐えるように修理しつつ、必要なものを計画的に新調していくのかという、四天王寺の文化財保存と活用の活動について注目したいと思います。

さて、舞楽を舞うに際しては、舞人が身にまとう多くの要素から構成される装束だけでなく、面や甲、持ち物、さらには、〈還城楽〉の蛇のような小道具というように、膨大な数の所用具が必要となります。かつ、それらの所用具の中には、重要文化財の指定を受けたもの、あるいは、今後、新たにそうした指定を受ける可能性があるものが含まれています。もちろん、重要文化財などに指定された所用具は、実際の舞楽に用いることはできません。そうなりますと、それに代わる実用品としての所用具を新たに準備しなければならなくなります。さらに、この本来、実用品であった所用具も、時間の経過とともに文化財に指定されることがあります。

このように、一見、「伝統のかたまり」のように見える「聖霊会の舞楽」ですが、実は、古来の伝統を現在に伝えているだけでなく、常に、これを将来に引き継ぐために必要なバージョンアップがなされているのです。が、そのバージョンアップは、簡単なことではありません。そこで問題となるのは、いかに、もとの所用具の「伝統」を引き継ぎながらも、現在の実際のパフォーマンスとしての

現在の〈獅子〉の胴覆

舞楽に不都合ないように配慮するのかということです。しかも、実用を重視するあまりに、未来に引き継ぐべき伝統や技術がしっかりと継承されないままになってはいけないという、場合によってはジレンマともなる事柄を、どう解決するのかという大きな問題もあります。

　現在の聖霊会を拝観されると、〈獅子〉の胴覆（胴の部分の装束）の色合いが、この本の写真（本文29ページなど）とは、大きく変わっていることに気が付かれるでしょう。以前の〈獅子〉の胴覆がずいぶんと傷んでいたため新調することになった際に、重要文化財に指定されていたかつての胴覆の色や柄を踏襲すべきとされて再現されたものが、現在の〈獅子〉の胴覆です。このように、聖霊会の舞楽の所用具は、基本的には、それまで用いられていたものを再現する形で修理、あるいは新調されているのですが、本来の姿に戻すという形での新調がなされる場合もあります。もちろん、新調された際には、それ以前の古い装束も大切に保管され、時代とともにどのような変化があったのかが、後の時代の人にもわかるように保存されていきます。また、本来の姿がどのようなものであったのかが正しく伝承されるように、様々な調査も行われています。

修理前の半臂

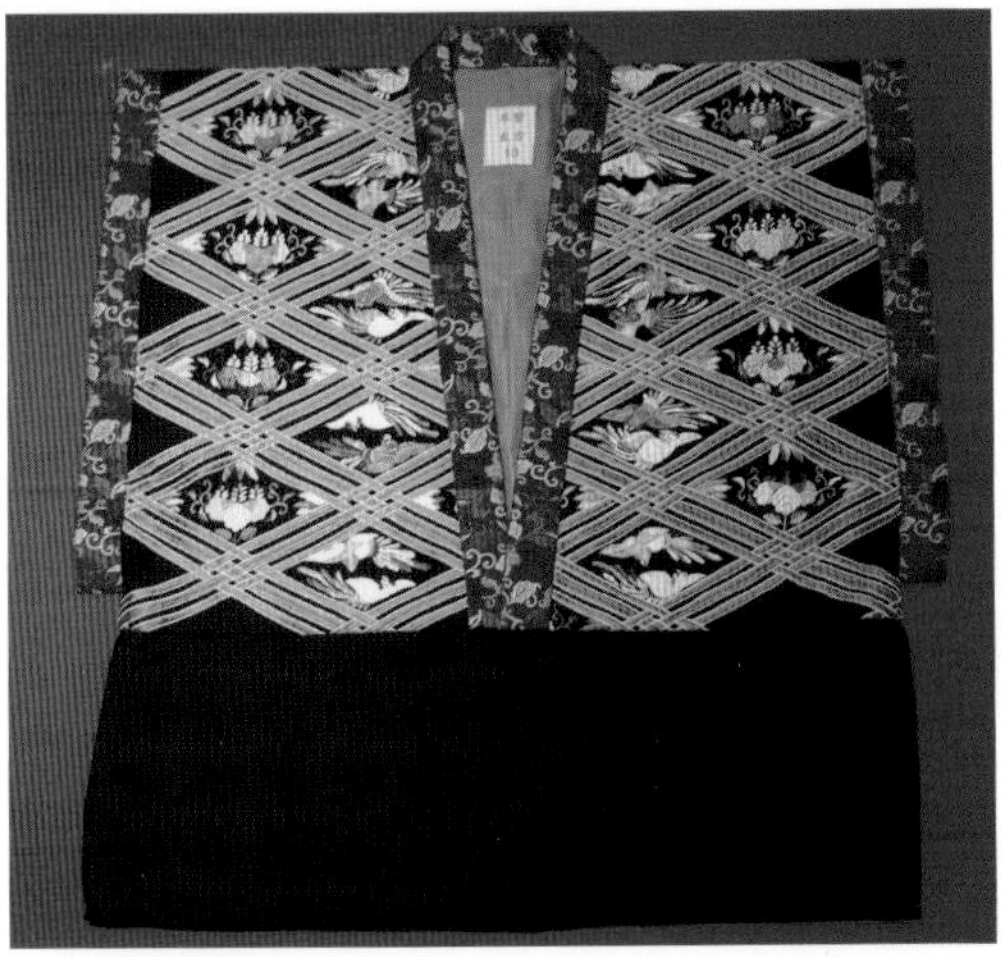
修理後の半臂

　では、今回の「聖霊会の舞楽」所用具の修理新調事業において、どのようなことがなされたのかを見てみましょう。こちらは、半《はん》臂《ぴ》といって、舞楽では多く用いられる襲装束（かさねしょうぞく・あるいは常装束とも＝本文92ページ参照）の上着にあたる袍《ほう》の下に着用するものです。左方は赤系統、右方は緑系統の刺繍が、細かくほどこされています。ところが、実際にこのような刺繍が施された装束を着用して舞を舞うと、どうしても摩擦などで刺繍の部分が傷んでしまいます。今回の修理では、その刺繍部分の補修を行いまし

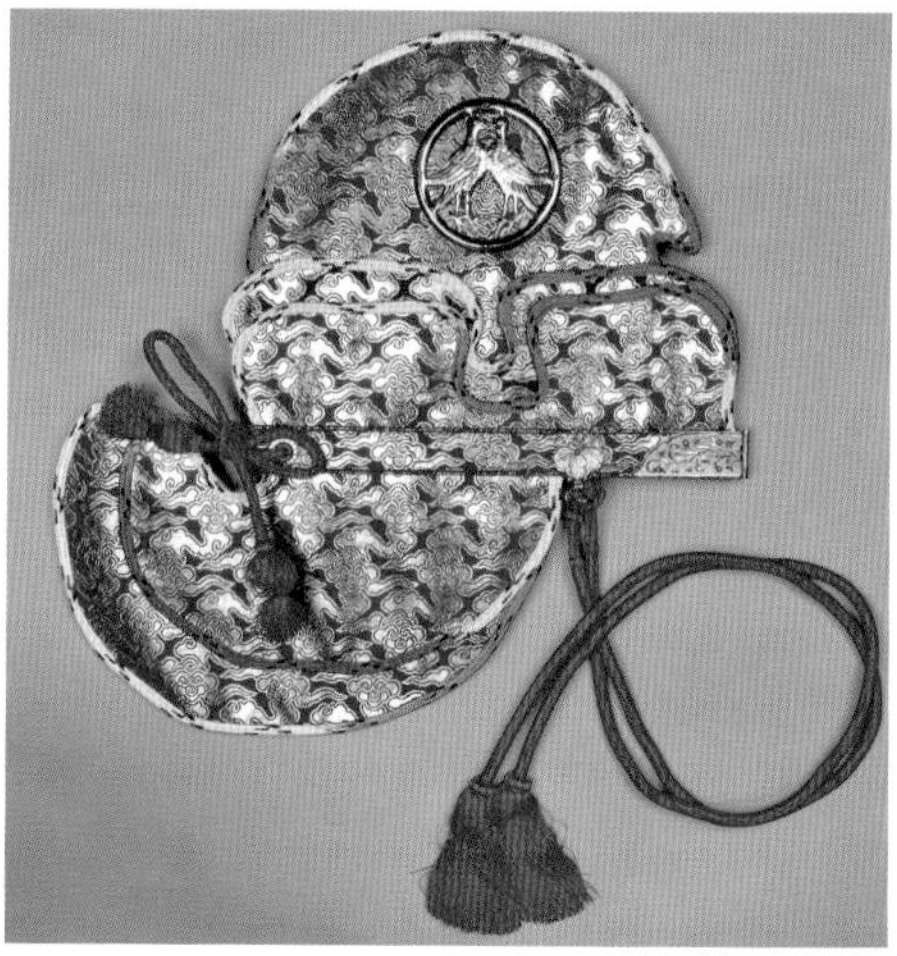

新調の鳥甲左方

た。さらに、左方四領、右方五領の半臂の新調も行いました。新調するに際しては、刺繍糸の一つ一つの色を、今までの装束の例を踏まえて指定し、細部に至るまで、それまでの半臂を再現することが意識されました。大変すばらしい半臂に仕上がっています。

さらに、この襲装束一具を構成する鳥甲についても、左方十五頭、右方十五頭が新調されました。こちらも、布地や紐などに関しては、これまでの鳥甲を踏襲することが前提となりましたが、一つ新たに検討されたことがあります。それは、鳥甲に装着される金具類をどのようにするのかということでした。現在、四天王寺に所蔵されている鳥甲の金具に関しては、その制作時期によって違いがありましたので、今後はモデルとすべき様式を一つ選び、さらに、鳥甲の側面に装着されている金具が、天王寺楽所の伝統である「向い鳩」の紋と一般的に使用される桐紋とが混在していたものを、新調分は「向い鳩」に統一することで、今後の修理や新調の際の指針としました。

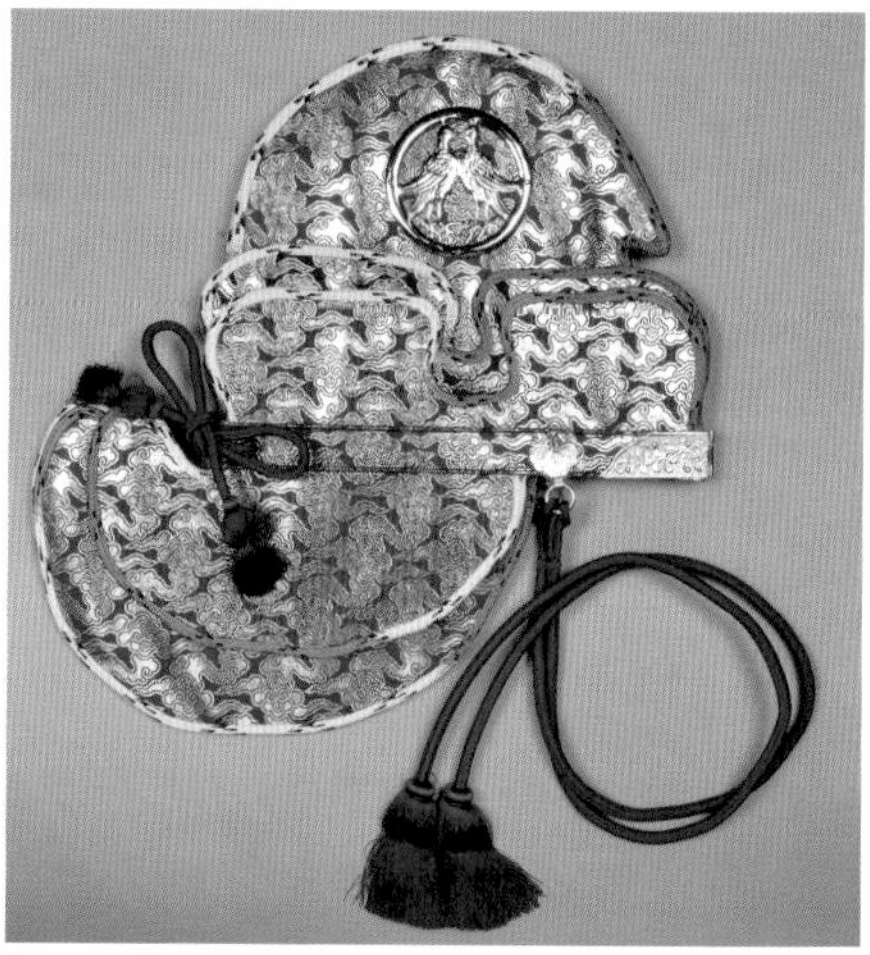

新調の鳥甲右方

襲装束の表袴の新調、さらには、右方の鼉太鼓の表皮の片面の新調など、「聖霊会の舞楽」所用具の修理と新調の事業は他にもありますが、令和の修理新調事業で特に意識されてきたのは、なぜ、どのような経過を経て、これらの決定がなされたのかについての記録を細かく残していくことです。そのことによって、将来、「聖霊会の舞楽」所用具の修理や新調が必要になった場合に、それに関わる人々が、今回の修理新調事業の経緯を踏まえて、過去の歴史を理解した上で、その時代に必要な新たな伝統の継承作業に携われるようにということが意識されているのです。まさに、伝統を未来につなぐという事業が、今現在（二〇二一年度にも継続）、行われていることを皆様に知っていただきたいです。

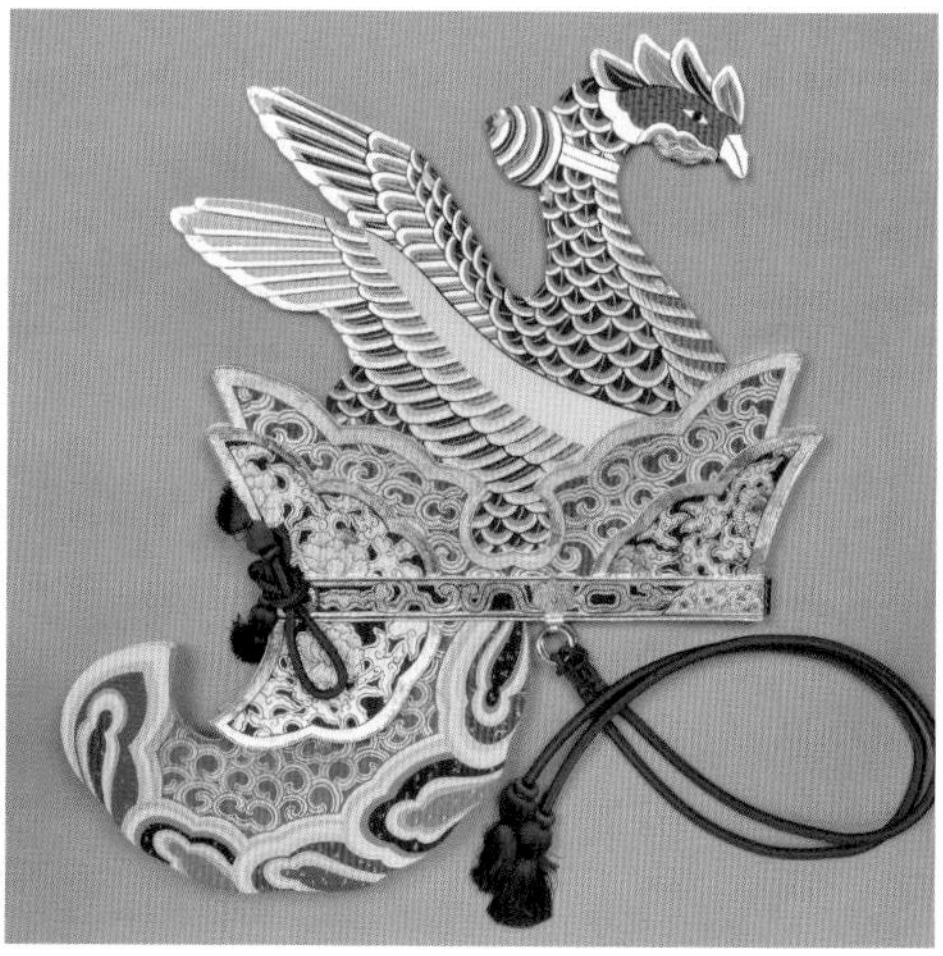

新調の綾切甲

また、一度は途絶えてしまった伝統を復活するという取り組みについてもご紹介いたします。天王寺舞楽のレパートリーの一つに〈綾切〉（本文58ページ、106ページ）がありますが、聖霊会でもこの〈綾切〉は演じられますが、実は、四天王寺では、その〈綾切〉専用の甲は失われてしまっていて、長年、〈地久〉で用いられる甲を転用していました。そこで、〈綾切〉の甲を新調することになったのですが、問題は、四天王寺における〈綾切〉の甲についての記録がほとんどないことでした。かつて、どのような〈綾切〉の甲が用いられていたのかはよくわかりませんので、史資料や、実際に〈綾切〉の装束を所蔵している機関に問い合わせ、さまざまな要素を検討した結果、写真のような〈綾切〉専用の甲が新調されました。

実は、長らくその伝承が途絶えていた〈地久〉の舞も、近年、復元されて天王寺舞楽のレパートリーに加わりました。そのために、〈地久〉の甲を〈綾切〉に転用できなくなったわけですが、一方で、この〈地久〉の甲を〈綾切〉の甲に転用するというのも、ある意味では、四天王寺の「聖霊会の舞楽」の伝統であったとはいえるでしょう。それに、もしかしたら、天王寺舞楽では、〈綾切〉専用の甲はなかったのかもしれません。答えを示してくれる資料がない以上、正解がない問いになってしまうのですが、それでも、本来あったはずだと推測される〈綾切〉の甲を復活させるということも伝統を守り、これを未来に伝えていく上では大切なことです。そして、今回の新調にあたってどのような経緯をたどって、〈綾切〉の甲が新調されるに至ったのかを記した資料が、天王寺舞楽の新たな歴史を刻むことにもなるのです。

このように、千四百年の長い歴史の中で形成されてきた天王寺舞楽の伝統は、「聖霊会

近年復元された〈地久〉（2016年の聖霊会にて）

の舞楽」が実際に演じられることだけでなく、それを支えるさまざまな要素を守り続けてきた人々の努力の結果でもあるのです。その一部として、舞楽装束の修理や新調の例をご紹介いたしました。

聖徳太子の千四百年御聖忌にあたり、これからもこの天王寺舞楽の伝統、そして「聖霊会の舞楽」が、長く大切に守られていくことを願ってやみません。

付記

この項の写真も、本編に同じく、すべて総本山四天王寺様よりご提供いただきました。篤く御礼申し上げます。

著者略歴

南谷美保（みなみたに　みほ）

大阪大学文学部を経て、
大阪大学大学院文学研究科前期課程修了、後期博士課程中退。
現在、四天王寺大学人文社会学部教授。
『四天王寺舞楽之記』『天王寺楽所史料』のほか、
天王寺楽所に関する著作・論文多数。

四天王寺聖霊会の舞楽　増補版

2008年８月５日　初版第１刷発行
2021年８月30日　増補版１刷発行

著　者……………………南谷美保
発行者……………………稲川博久
発行所……………………東方出版㈱
〒543-0062 大阪市天王寺区逢阪2-3-2　Tel.06-6779-9571　Fax.06-6779-9573
印刷所……………………亜細亜印刷㈱

 ISBN978-4-86249-410-8 C1073